Pierre Fontaine

La guerre froide

du pétrole

Omnia Veritas

PIERRE FONTAINE

LA GUERRE FROIDE

DU

PÉTROLE

1956

Publié par OMNIA VERITAS LTD

ⓄMNIA VERITAS

www.omnia-veritas.com

I

PUISSANCE DU PÉTROLE

Lorsque certaines personnes parlent de difficultés ou de conflits internationaux, elles murmurent le mot « pétrole » comme s'il était devenu synonyme de génie malfaisant. Mais elles prononcent ce mot sans se douter de tous les maux qu'il engendre.

On peut assurer, sans crainte de se fourvoyer, que tous les graves événements de ces dernières décades et ceux que chacun sent confusément peser sur le monde peuvent aisément s'expliquer par les batailles — secrètes ou publiques — pour la possession des sources pétrolifères éparpillées sur le globe terrestre.

Pourquoi cette chasse forcenée aux terrains recélant les précieuses nappes de naphte d'où l'on extrait le pétrole, l'essence, les lubrifiants et quelques deux mille dérivés qui deviennent des produits de première nécessité ? Parce que le naphte est une richesse vivante qui conditionne l'existence des peuples modernes. L'or est un métal dont la valeur est essentiellement symbolique ; l'homme gorgé de ce métal précieux ne peut ni vivre, ni manger, ni prospérer l'or n'engendre aucune activité vitale comme le blé ou la viande, il n'est qu'un arbitre dans les transactions. Tel n'est pas le cas du carburant à base de naphte, source de multiples autres activités de la vie moderne.

Le naphte et par extension le pétrole, a reçu le surnom *d'or noir ;* mais cette expression revêt un tout autre sens que le nom d'or donné à un métal précieux.

Si les êtres humains redevenaient sages et se désintéressaient de l'or et du diamant, qui n'ont pas de valeur utilitaire, ils ne pourraient plus se passer du naphte et de ses dérivés[1] qui facilitent les commodités de l'existence et qui allègent leur peine. Sans mazout, plus de bateaux, plus d'usines (puisque les extractions de charbon diminuent) ; saris pétrole, plus d'éclairage décent dans les pays dépourvus d'électricité. Sans essence, plus de tracteurs agricoles, de voitures automobiles, d'avions, de tanks, etc. Les moteurs deviendraient des masses inertes, les produits de remplacement de l'essence étant soit, très onéreux, soit d'un rendement incomparablement plus faible, soit d'une manipulation plus compliquée. *La vie économique de tous les pays se trouve donc sous la complète dépendance du naphte et de ses dérivés.* *Mieux* que l'or-métal-précieux, *l'or noir* impose sa dictature implacable aux pays qui nc possèdent pas de sources directes de pétrole.

Cette nécessité établie, il était évident, que le capitalisme moderne allait essayer de s'assurer le contrôle des champs pétrolifères afin de détenir un monopole qui le rendît plus fort que les urinées, plus puissant que les gouvernements. Pour aboutir à ses lins, ce capitalisme se transforma eu trust. Certains trust conservèrent leur caractère privé ; d'autres réussirent à se faire avaliser par

---

[1] Partant des huiles lourdes du naphte, un inventeur a réussi à mettre au point un *caoutchouc artificiel* de consistance très supérieure au caoutchouc naturel et d'une élasticité extraordinaire. Interrogé sur l'avenir du pétrole devant l'énergie atomique, un technicien américain a déclaré qu'outre les 2.000 produits actuellement fabriqués en dérivés des huiles de pétrole, des « essais de laboratoires avaient donné des résultats satisfaisants pour la fabrication du beurre et des tissus en partant du naphte Il est aussi l'objet d'études pour remplacer la pâte à papier.

des gouvernements qui comprirent en temps opportun, l'importance de la question pétrolifère.

Les prévisions se réalisèrent ; sous des prétextes idéologiques ou territoriaux destinés à enflammer l'imagination des foules non renseignées, des guerres éclatèrent, des révolutions jaillirent. Les hommes crurent défendre un idéal ; ils se firent tuer, ils se ruinèrent pour acquérir des sources de matières premières défendues ou convoitées par d'autres. Les guerres n'ont pas d'autre sens que celui d'asseoir des hégémonies économiques. Cela, quatre-vingt-dix-neuf pour cent des acteurs l'ignorent encore.

Il convient de noter, depuis la deuxième guerre mondiale, une légère évolution dans la présentation de la politique du pétrole. Longtemps, on identifia les intérêts pétroliers par des noms propres : Rockefeller, Samuel Marcus, Deterding, Rothschild, Mantacheff, Nobel, Dohény, Zaharoff, Sinclair, Teagle, Gulbenkian, etc. On sut de bonne heure aux U.S.A., que J. D. Rockefeller (le créateur de la dynastie) était parvenu à sa puissance par des moyens sentant les cadavres et la corruption ; les œuvres charitables refusèrent les libéralités du milliardaire américain qui ne réussit à se « dédouaner » moralement dans son pays qu'en venant offrir à la France cinq millions pour la restauration du château de Versailles au lendemain de la première guerre. La France, moins difficile que les U.S.A., les accepta malgré les détails qu'on lira au chapitre suivant. Mais tous ces businessmen comprirent que les luttes pour le pétrole n'étaient pas des brevets de grands hommes honnêtes. Petit à petit, ils s'effacèrent derrière des raisons sociales anonymes et tentèrent de faire croire que les compagnies pétrolières repoussant tout ce passé étaient devenues de simples commerces privés. Nous n'avons jamais dit le contraire en ce qui concerne le pompiste, le représentant et tous ceux qui ne constituent pas le « cerveau » des trusts.

Nous affirmons, au contraire, que la « diplomatie du pétrole » est plus féroce que jamais et que les gouvernements anglais et américain ont renforcé la défense de leurs sociétés « nationales » considérées comme des moyens de pression diplomatique sur les États dépourvus de ressources personnelles de carburant. La guerre d'Aden (mai-juin 1955) dont on entendra encore parler est une suite à la guerre sournoise anglo-américaine pour le pétrole d'Arabie. L'Égypte sous protectorat (provisoire) occulte américain, remplaçant celui de l'Angleterre, est un des aspects de cette bagarre anglo-américaine pour le contrôle du canal de Suez, par où sont obligés de passer tous les bateaux chargés de pétrole américain venant d'Arabie séoudite. Personne ne voulut remarquer que, sans doute par hasard, les premiers troubles algériens se déclarèrent sur des périmètres où se déroulaient des prospections pétrolifères françaises (par exemple au djebel Fouah, près de Tebessa). Pour sa « réconciliation » avec Washington, qui l'étranglait économiquement, le président Péron dut concéder, entre autres choses, 50.000 kilomètres carrés de terres argentines pour les prospections pétrolifères d'une société américaine, concession qui révolta les radicaux (argentins) au point de les faire jeter toute leur influence politique dans la révolution antiperoniste.

Les bonnes traditions demeurent ; les pétroliers internationaux sont plus puissants que jamais. Quand M. Edgar Faure écrivit : « *...les grands gisements de pétrole sont localisés dans les pays réputés les plus pacifiques, États-unis et U.R.S.S. ou de plus petites nations, et les États dont les dispositions belliqueuses sont aujourd'hui les plus sensibles en sont, parce qu'on ose appeler une justice géologique, étrangement dépourvus* », nous lui demandons s'il est toujours d'accord avec son opinion de 1939 et si cette « *constatation* *prosaïque est (pour son cœur troublé) plus bienfaisante que tous les rêves ».*[2]

Cet ouvrage n'a d'autre but que de jeter des lueurs sur une volumineuse histoire pétrolière inconnue ou méconnue. Les exemples choisis sont épars, sans corrélation directe apparente. Il s'agit davantage d'une documentation initiatrice que d'une histoire suivie. Dans ces histoires (qui font la grande Histoire) il n'entre pas la moindre dose d'imagination, bien que certaines aventures s'apparentent au genre roman d'espionnage. De même, aucun récit ne s'inspire d'un mobile politique (la politique n'étant que le paravent d'intérêts économiques ignorés des militants) et c'est avec le même détachement et la même sérénité que nous évoquerons des anecdotes britanniques, soviétiques, américaines et françaises. Pour nous, il n'est question que d'essayer d'ouvrir des yeux volontairement bouchés par une presse muette parce qu'elle a besoin, pour vivre, de la publicité des innombrables filiales des trusts pétroliers. Cela n'est pas un blâme, ce n'est qu'une constatation des contingences modernes. Notre documentation est, avant tout, honnête et française.

Pour comprendre le drame du pétrole, il faut d'abord savoir :

- pour quelles raisons Georges Clemenceau lança au Président Wilson son fameux câblogramme résumé en slogan : « une goutte de pétrole vaut une goutte de sang » ;
- pour quelles raisons la politique d'intervention - non intervention déchaîna tant de polémiques autour de l'Italie et de l'Éthiopie ;

---

[2] *Le pétrole dans la paix et dans la guerre,* par Edgar Faure (éditions de la Nouvelle Revue Critique), 1939.

- pour quelles raisons la Conférence de Paris de 1927 fit échouer les propositions de remboursement des emprunts russes par les Soviets en France ;
- pour quelles raisons il y a si souvent des coups d'État, des révolutions sanglantes dans les pays qui ont le bonheur-malheur de posséder des gisements de naphte ;
- pour quelles raisons exactes la France fut évincée de Syrie en 1945 et pour quelles raisons elle le sera définitivement un jour prochain d'Afrique du Nord ;
- Etc., etc.

Pour brosser et expliquer *la situation mondiale actuelle* du pétrole, il nous a paru indispensable d'évoquer les dessous de quelques grands événements internationaux motivés par la course au pétrole.

Si le public français avait été informé de cette petite histoire, souvent plus éloquente que la grande, peut-être eût-il acquis ce *réalisme* qui lui fait tant défaut dans ses relations internationales et dans ses idéologies nationales, surtout lorsqu'est en jeu le sort d'un empire colonial qui pouvait lui procurer le précieux carburant, *donc l'indépendance économique sans laquelle il n'y a pas d'indépendance politique.* M. de Monzie, dans la préface du livre de M. Edgar Faure sur le pétrole, écrivit déjà en 1939 : « *Le problème du pétrole se pose comme une des conditions de notre libre essor en temps de paix, comme une des garanties de notre sécurité en temps de guerre.* » L'avis est de plus en plus valable !

Le pétrole est devenu le maître du monde ; il a fait gagner et perdre des guerres, il est à la base du progrès et de l'activité économique des peuples. Ceux qui détiennent ses sources sont plus puissants que les hommes qui gouvernent des millions d'êtres humains. Dans l'Histoire moderne, le rôle de l'or *noir* n'a jamais été situé exactement. Souhaitons que les épisodes résumés dans cet ouvrage et constituant l'essentiel de ce qu'il faut savoir, incitent le lecteur à mieux chercher la vérité, la vérité « vraie », celle qui conditionne sa propre vie ; ses moyens d'existence, en un mot la Paix.

II

La France faillit perdre la guerre 1914-1918 par la faute d'un trust pétrolier américain

Avant la fin de la dernière guerre, prévoyant l'épuisement de ses réserves de carburant, l'état-major du IIIe Reich a délaissé la fabrication des avions pour se consacrer aux V1, V2, etc. Et, pour partie, l'armée allemande a été battue par son manque d'aviation... De cette réalité d'hier, passons à ce qui aurait pu devenir une autre réalité en 14-18.

Le 15 décembre 1917, le Président du Conseil, Georges Clemenceau, adresse le télégramme suivant à m. W. Wilson, Président des États-Unis :

« Au moment décisif de cette guerre où l'année 1918 *va ouvrir des opérations militaires capitales sur le front français, les armées de la France ne doivent à aucun moment être exposées à manquer de l'essence nécessaire aux camions automobiles, à l'aviation et à l'artillerie de campagne par tracteurs.*

« Toute défaillance d'essence causerait la paralysie brusque de nos armées et pourrait nous acculer à une paix inacceptable pour les Alliés.

« Or, le stock minimum d'essence fixé pour les armées de la France par son général en chef doit être de 44.000 tonnes et la consommation mensuelle établie à 30.000 tonnes. Ce stock indispensable est tombé aujourd'hui à 28.000 *tonnes* et risque de tomber d'ici peu à néant si *des mesures immédiates et exceptionnelles ne sont pas prises et exécutées par les États-Unis. Ces mesures peuvent et doivent être prises sans un jour de retard pour le salut commun des Alliés, à* la seule condition que le Président Wilson obtienne des compagnies américaines de pétrole le tonnage supplémentaire de 100.000 tonnes permanentes de bateaux-citernes qui est nécessaire aux armées et aux populations de la France.

Ces bateaux-citernes existent. Ils voyagent en ce moment dans l'Océan Pacifique au lieu de voyager dans l'Océan Atlantique. *Une autre partie peut être prélevée sur le contingent de nouveaux bateaux-citernes en construction aux États-Unis.*

Le Président Clemenceau demande personnellement au Président Wilson de faire l'acte d'autorité gouvernementale nécessaire pour la mise en marche immédiate de ces 100.000 tonnes de bateaux-citernes sur les ports français. Il y a là une question de salut public interallié.

Si les Alliés ne veulent pas perdre la guerre, il faut que la France combattante, à l'heure du suprême choc germanique, possède l'essence aussi nécessaire que le sang dans les batailles de demain.»

Ce télégramme, énergique et explicite, de Georges Clemenceau est envoyé dix jours après le rapport établi par la Chambre Syndicale de l'Industrie du Pétrole sur l'état des stocks français de carburant. Le « Tigre » ne perdait pas de temps et savait prendre des décisions immédiates lorsque l'avenir de la France était en jeu.

Le rapport de la Chambre Syndicale était court et précis : les Alliés ne disposaient plus que d'un stock de carburant pour trois mois ; au 1er mars 1918, la défection américaine réduisait notre stock à zéro... Les importations américaines normales, s'élevaient à 56.000 tonnes de carburant en novembre 1917. En février 1918, il n'était prévu que 29.000 tonnes pour une consommation mensuelle de 57.000 tonnes. Au moment où le maréchal Lüdendorf allait tenter un effort désespéré, où le général Foch préparait, de son côté, le coup d'estocade final, faute de carburant la France risquait de perdre la guerre.

Pourquoi les Alliés ne recevaient-ils plus de carburant américain ?

À cette époque, la production américaine de pétrole était dominée par un trust omnipotent, la *Standard Oil* et ses multiples filiales dont le chef tout-puissant était J. D. Rockefeller, le « roi du Pétrole », le créateur du premier trust mondial du naphte. Pour quelles raisons, presque soudainement fin 1917. Rockefeller joue-t-il l'écrasement des Anglais et des Français par les Allemands sur le front européen ? Le télégramme de Clemenceau est clair : « ...*Ces bateaux-citernes existent. Ils voyagent en ce moment dans l'Océan Pacifique au lieu de voyager dans l'Océan Atlantique...* ».

Les spécialistes des questions pétrolières ont donné les explications qui leur paraissent plausibles. Les uns prétendent que les agents secrets allemands avaient réussi à mettre les pétroliers américains dans leur jeu ; d'autres affirment que, les dividendes passant avant le patriotisme, les pétroliers américains préféraient livrer leur carburant dans l'Océan Pacifique, c'est-à-dire à l'abri des torpilles des sous-marins allemands qui infestaient l'Atlantique. Enfin, on accuse d'impuissance et de carence le « Comité des Dix » (entente des importateurs français de pétrole étranger) et le « Conseil Général du Pétrole qui doivent veiller au ravitaillement en carburant des Alliés.

Aucune de ces trois hypothèses ne nous paraît valable parce que les exégètes du pétrole ont oublié de se placer dans *l'étal d'esprit de l'époque* que l'on peut résumer en trois points :

a) le trust américain de vieux Rockefeller domine le monde ;
b) la lutte est ardente et acharnée entre le trust américain et le trust britannique *Shell-Royal Dutch* (Deterding-Samuel Marcus) ;
c) lequel des deux trusts accaparera les sources nouvelles de pétrole afin d'étendre sa domination économique sur tous les continents ?

En nous tenant strictement aux faits de l'époque, nous donnons, pour la première fois, comme véritable la thèse suivante :

Par l'accord Sykes-Picot, Anglais et Français viennent d'éliminer la *Standard Oil Cy* des pétroles de Mésopotamie. Rockefeller, furieux, se venge d'eux en raréfiant ses envois de carburant. Autrement dit, si les deux pays sont battus par les Allemands, ils seront obligés d'abandonner la Turquie d'Asie Mineure, donc de laisser la place libre aux sociétés américaines qui trouveront le moyen de s'arranger avec les Turcs et avec les Allemands qui coopéraient, avant la guerre 1914-1918, dans l'exploitation pétrolière turque de l'Asie Mineure. Là, et pas ailleurs, se trouve la vérité expliquant l'absence de carburant américain sur le front français.

Mais, dira-t-on, les États-Unis se trouvaient aux côtés des Alliés ! D'accord ; chacun savait toutefois qu'en cas de victoire, le Kaiser, épuisé par quatre ans de lutte, n'irait pas attaquer les U.S.A. chez eux ; donc Washington n'avait rien à craindre. Ensuite, la *Standard Oil* n'était qu'une société privée, donc elle ne s'identifiait pas avec la politique nationale des U.S.A.. Rockefeller pouvait donc jouer le tableau allemand sans craindre des répercussions sur ses affaires ; bien au contraire, *la défaite des Français et des Anglais lui aurait ouvert un champ libre partout où les pétroliers anglais régnaient en maîtres.*

On peut supposer qu'il ne s'agissait que d'un chantage du trust américain pour obtenir une révision de la répartition des pétroles de Mésopotamie. Cette hypothèse sera discutée, mais le but visé étant le même, elle ne change rien à notre argumentation : le trust américain de Rockefeller, en raréfiant les envois de carburant aux Alliés, voulait se venger de son éviction des pétroles d'Asie Mineure. Et nous l'allons démontrer en contant une des histoires les plus passionnantes de la diplomatie secrète du pétrole.

Au début de ce siècle, lorsque le carburant commence à devenir une nécessité mondiale, les grandes puissances économiques envoient des prospecteurs dans tous les coins du monde réputés terres à pétrole pour essayer de capter à leur profit les réserves de naphte. Les États-Unis modifient leur tactique pétrolière. Jusqu'alors, leurs hommes d'affaires ne s'occupent que du pétrole américain, tandis' que les Anglais, sans sources pétrolifères directes installent des sociétés dans tous les pays où le pétrole se révèle. Au point de vue stratégique, les Anglais ont vu plus loin que les Américains puisque la flotte anglaise couvrant l'empire colonial anglais dispose partout de centres de ravitaillement en carburant. Quand les Américains se réveillent, il est un peu tard et la lutte des pétroliers internationaux commence.

Depuis des temps immémoriaux, l'Asie Mineure secrète des « puits de bitume » ainsi que l'indique l'*Ancien Testament.* Le premier à pied d'œuvre en Turquie, l'Américain Colly Chester prétend réaliser pour sa société américaine ce que d'Arcy fera pour la Grande-Bretagne en Perse, avec *l'Anglo Persian Oil.* Il intrigue dans l'entourage du Sultan, tant et si bien que le cupide souverain qui règne sur l'empire ottoman sent son intérêt éveillé par ces richesses dont il ne discerne pas encore l'importance ; Abdul Hamid pense que les blancs du Nouveau Monde ne sont pas fous ! Puisque des financiers américains s'intéressent à cette boue noire dont ses ancêtres ne se sont jamais occupés, c'est que l'affaire revêt des possibilités qu'il ne soupçonne pas ! Tout en maintenant des contacts avec le représentant de la *Standard Oil* et en l'entretenant de promesses réticentes et évasives, le XXX[3]é Sultan provoque des offres concurrentes en alertant les hommes d'affaires britanniques et allemands. Abdul Hamid ne pouvait pas se douter que sa roublardise commerciale allait lui coûter son trône et le démembrement de son pays ; car il prend soin de porter sur sa liste civile la propriété des terrains pétrolifères de Mésopotamie (l'Irak, à cette époque, faisait partie de l'empire turc).

Spécifions que le « lanceur » des pétroles turcs fut l'ingénieur arménien Caloust-Sarkis Gulbenkian qui, ayant installé sa famille dans les pétroles turcs, se servira de cette antériorité (et de ses amitiés dans le monde arabe) pour obtenir ses éternels 5 % sur les profits des pétroles turcs devenus irakiens. Gulbenkian est venu à Paris pour tenter d'intéresser la France au carburant de Mésopotamie. Devant l'indifférence de nos gouvernants, il est allé à Londres et a servi d'intermédiaire entre Deterding et les Rothschild pour constituer un bloc financier puissant en faveur des

---

[3] Trou dans la page – lettre inconnue.

pétroles d'Asie Mineure. Jusqu'en 1922, l'Arménien fera le jeu britannique contre les Américains et c'est grâce à lui que Londres deviendra la principale puissance (provisoire) pétrolière du monde.

Une lutte d'influences se déchaîne en Turquie pour obtenir les concessions pétrolifères. Les Américains défendent âprement leurs premiers travaux, tandis que les Anglais et les Allemands cherchent à les supplanter. L'Empire ottoman, quoique décadent, occupe encore une position prépondérante dans le monde musulman ; aussi le sultan discute-t-il en souverain quelque peu désinvolte et négocie-t-il en « marchand de tapis ».

Pour avoir raison de la Turquie, il faut amenuiser sa puissance. Comme par hasard, l'Italie cherche des débouchés coloniaux et la guerre italo-turque éclate. En 1911 la défaite de la Turquie donne l'immense Tripolitaine turque à Rome. En 1912, éclate la guerre des Balkans. La Turquie perd les quatre cinquièmes de ses terres européennes et devient une nation presque entièrement asiatique. Les guerres coûtent de l'argent ; aussi, le 23 octobre 1912, les concessions pétrolifères sont-elles accordées à un groupe anglo-allemand qui constitue la société *The Turkish Petroleum Cy.* Les Américains, évincés, ne sont pas contents et jurent de se venger.

La *Turkish Petroleum* distribue ainsi les participations : 50 % *à la Banque Nationale de Turquie,* 25 % au groupe anglais et 25 % *à l'Analolian Railway,* appartenant à la Deutsche Bank qui travaille pour le compte de l'*Europdische Petroleum Union.* En réalité, grâce à l'entremise de la banque turque, 75 % du capital est contrôlé par Berlin. Une des causes de la guerre de 1914 est dans l'air.

Cette collaboration anglo-allemande ne donne pas de bons résultats dès le départ. Les ingénieurs germaniques se mettent immédiatement au travail et prennent prétexte du transport des carburants exploités pour construire une voie ferrée reliant Constantinople à Bagdad sur le Golfe Persique. Il est à noter que Berlin achève la grande voie ferroviaire Berlin-Constantinople. Les Allemands commencent les travaux à la fois de Constantinople et de Bagdad, la jonction des deux tronçons devant s'effectuer à Mossoul. Mais comme par hasard, les chantiers allemands subissent des attaques de « pillards » ; leurs ouvrages d'art sautent mystérieusement, mille difficultés retardent l'établissement de la ligne ferroviaire. Que signifient ces sabotages ?

Les Britanniques voient clair un peu trop tard. Les Allemands — qui préparent la guerre contre la France — se servent du prétexte pétrolier pour construire en hâte une voie ferrée Berlin-Constantinople-Bagdad, *c'est-à-dire une voie de communication avec les Indes et l'Extrême-Orient, qui leur évitera d'emprunter la route maritime du Canal de Suez sous contrôle britannique dans le cas où l'Angleterre se rangerait dans le camp français.* L'inquiétude des Anglais se manifeste et Londres, après s'être servi des Allemands pour évincer les Américains, cherche à son tour à minimiser la participation allemande en Asie Mineure. Une lutte sournoise est ouverte entre les deux associés. Les Allemands, qui poursuivent un but précis, font semblant de ne s'apercevoir de rien et continuent — avec l'accord tacite de la Turquie — à poser ballast et rails. Mais les rapports anglo-allemands s'enveniment et le moment est venu de prendre une décision.

Une conférence, réunie à Londres, révise les accords de la *Turkish Petroleum Cy.* Avec diplomatie, les Allemands cèdent, ils acceptent une modification de la répartition du capital. Ils conservent leurs 25 % ; le trust anglais, par le truchement de la filiale *Anglo Saxon Petroleum,* garde aussi ses 25 %, mais les 50 % de la « Banque Nationale de

Turquie » sont transférés à *l'Anglo-Persian Oil,* laquelle n'est autre que le gouvernement britannique lui-même.

Après l'éviction des Américains, le trust anglais vient de marquer un nouvel avantage au détriment des Allemands. CET ACCORD DATE DU 19 MARS 1914. L'essentiel, pour les allemands, était de se maintenir dans la place turque et de se concilier les grâces anglaises qu'ils espéraient ainsi retirer à la France.

Quelques mois après, la première guerre mondiale éclate. La Turquie, poussée par les Allemands, encore irritée de ses amputations de 1911 et de 1913, entre dans le clan des empires centraux. Magnifique occasion pour l'Angleterre de s'emparer de la totalité des pétroles de Mésopotamie et de se débarrasser des redevances dues au trésor turc sur les pétroles de Mésopotamie.

Tel est un des principaux aspects — le plus ignoré — de la guerre 1914-1918. Cette lutte, commencée en 1900 n'est pas encore terminée puisque ses dates essentielles sont 1912, 1916, 1920, 1925, puis la guerre 1939-1945, l'éviction de la France de Syrie en 1945 et les événements d'Arabie et d'Aden (1955).

Sarajevo, l'Alsace et la Lorraine… prétextes *publics* de l'Europe en guerre. La France presque seule, soutient le choc allemand. Une partie de son territoire est envahie ; les Français serrent les dents, contiennent la horde. Nous sommes partout en Serbie, aux Dardanelles ; la lutte est meurtrière et violente les stratèges de l'armée turque sont Allemands ; le général von Falkenheim massacre nos partisans chrétiens en Syrie. En général, notre position militaire n'est guère brillante. Pourtant, en attendant que les armements alliés abondent, il faut tenir, c'est-à-dire : il faut que les Français tiennent. Or, les Français — tout au moins nos diplomates — ne sont pas satisfaits de la façon dont les Britanniques mènent « leur combat » en Asie Mineure.

LE SOIR MÊME DE LA DÉCLARATION DE LA GUERRE, Une note officielle de la

« Turkish Petroleum Cy » décide que les 25 % de la participation allemande sont transférés sans indennité à « l'Anglo Saxon Petroleum »... La Grande-Bretagne a gagné ; elle est seule maîtresse des pétroles de Mésopotamie, maîtresse tout au moins théorique, car la Turquie est toujours en guerre contre les Alliés.

Alors que nous haletons en Serbie et aux Dardanelles, nos hommes politiques trouvent singulier qu'une colonne expéditionnaire, exclusivement britannique (hindoue) commandée par le général Allenby, débarque dans le golfe Persique, la partie la plus mal fortifiée de la Turquie, remonte la Mésopotamie (prise de Bagdad dès 1915) et s'installe dans la région pétrolifère pendant que le fameux Thomas Lawrence organise déjà la contrée conquise en domaine britannique, c'est-à-dire en royaume « autonome » d'Irak. Mais tous ces projets ne seront fiables que si les Alliés gagnent la guerre... et rien n'est moins sûr à l'époque, que l'issue du conflit.

Aristide Briand manifeste son mécontentement aux Britanniques qui manœuvrent pour les pétroles d'Asie Mineure avec beaucoup plus de décision et d'efficacité que sur le front français. Les doléances de notre ministre des Affaires étrangères coïncident avec une phase tragique de la guerre.

Mars 1916, bataille de Verdun. Du sort de la ville française semble dépendre la tournure de la guerre. Londres est inquiet, les Français doivent tenir à tout prix. Le moral est bas, Gallieni, malade, résilie ses fonctions. Le

Foreign Office sent qu'il doit lâcher du lest et, montrer aux Français qu'à défaut d'une aide militaire britannique efficace, ils peuvent gagner une partie du pétrole conquis par Allenby. Il donne suite aux remontrances de Briand et accepte de reconsidérer la question pétrolifère en Asie Mineure.

Mark Sykes, pour la Grande-Bretagne, et Georges Picot, pour France, se rencontrent et, discutent. Albion est favorable aux concessions, elle se montre même généreuse. Le 16 mai 1916, l'accord est signé. Notre part est appréciable ; nous obtenons : la Syrie, la Cilicie, l'Anatolie orientale et le vilayet de Mossoul... En échange, les Français tiendront devant Verdun.

L'accord germano-anglais du 19 mars 1914 avait rempli de fureur la Standard Oil du vieux Rockefeller qui voyait quinze ans d'efforts aboutir à un résultat négatif ; on sait que l'homme disposait d'une influence politique et journalistique considérable, ses trusts s'enchaînant les uns aux autres. Le ressentiment du pétrolier américain ne fut pas étranger à la campagne violemment isolationniste qui fit douter longtemps de l'intervention des U.S.A. De plus, von Papen (le fameux agent 7.000) menait une violente propagande en faveur de son pays chez les Yankees. Il est probable, puisqu'une partie de sa tâche consistait à empêcher le ravitaillement des Alliés, que la question carburant retint son attention et qu'il fit peut-être des propositions au groupe pétrolier américain concernant les pétroles d'Asie Mineure... en cas de victoire de son pays.

Cette « préparation du terrain » par les Allemands s'avère d'excellente diplomatie lorsque l'accord Sykes-Picot est connu aux États-Unis. L'accord franco-anglais du 16 mai 1916 ravive l'ire de la Standard Oil qui voit une deuxième fois ses espérances sur les pétroles de Mésopotamie se réduire à néant... Les envois de carburant aux Alliés se raréfient petit à petit et, c'est alors que Georges Clemenceau envoie au Président Wilson le télégramme reproduit au début de ce chapitre.

Lorsque le Président Wilson reçoit le message français, il convoque le vieux Rockefeller et l'explication est orageuse. On assure même que le roi du pétrole fut surveillé pendant quelque temps. Fort heureusement, Wilson montre une autorité intransigeante et les pétroliers américains reprennent le chemin de l'Europe.

Nous l'échappons belle. Quand les navires-pétroliers arrivent dans nos ports *nous n'avons plus que pour quelques jours de réserve de carburant.* Ce qui permit, plus tard, d'écrire une phrase historique que l'on cite encore parfois de nos jours : « ... *la victoire des Alliés a été portée sur des flots de pétrole.* »

Ainsi se termine l'exposé des motifs du message angoissé de Clemenceau que l'on a résumé souvent en une courte phrase : « *Une goutte de pétrole vaut une goutte de sang* »

Les « vieilles tiges » de 1914-1918 se souviennent encore de certains moments où, faute de carburant, ils espaçaient les raids...

*

*   *

La fin de cette mésaventure des pétroles de Mésopotamie ?

Il n'y a pas encore le mot « fin » sur cette histoire qui suit toujours son cours. Notre dessein n'étant pas d'écrire une Histoire Générale du pétrole, nous schématiserons la suite des accords Sykes-Picot par une série de faits et dates qui ont, autant d'éloquence qu'un long développement.

La guerre 1914-1918 touche à sa fin. L'épopée héroïque de Verdun appartient au passé ; personne n'est plus inquiet, l'optimisme fleurit. Alors le général Allenby entre à Damas (octobre 1918) et occupe toutes les zones que nos avait dévolues l'accord Sykes-Picot.

Poincaré proteste ; satisfaction partielle nous sera donnée par la suite.

1920. Pour sa sécurité, la France, en application du Traité de Versailles, veut occuper la Rhénanie ; elle a besoin de l'accord et de l'appui de la Grande-Bretagne, mais celle-ci est réticente... à moins que...

25 avril 1920 : Conférence de San Remo. Sir John Cadman, délégué britannique, rencontre Philippe Berthelot, délégué de la France. L'accord se réalise. *La France renonce aux clauses de l'accord Sykes-Picot ; elle recevra le mandat sur la seule Syrie et seulement 25 % des pétroles de Mésopotamie...* (la part de la « Deutsche Bank » avant la guerre), mais elle pourra occuper la Rhénanie. C'est un désastre économique pour la France... *Sir John Cadman était, outre son litre officiel de diplomate, Président de « l'Anglo Persian Oil »...*

Les Américains se fâchent de cette répartition ; cet incident, joint à une offensive générale de Deterding contre les pétroliers américains, provoque un tel malaise que l'on croit à l'imminence d'une guerre anglo-américaine, chaque gouvernement avalisant les intérêts de ses trusts pétroliers quasi-nationaux. On réunit en hâte une conférence dite « navale » à Washington, dont le but officiel est de limiter la course aux armements navals. L'accord se fait... sur le dos de la flotte sous-marine française... Mais les Américains reçoivent partiellement satisfaction ; *la Near East Development*

Corporation (filiale de la *Standard Oil* américaine) se voit attribuer 25 % des pétroles de Mésopotamie prélevés sur la part de *l'Anglo Persian Oil* qui, ne l'oublions pas, appartient, en fait, au gouvernement britannique.

L'Association prend le nom de *Irak Petroleum Cy* avec les pourcentages suivants : *Anglo Persian Oil* (Grande-Bretagne) 23,75 % ; *Anglo-Saxon Petroleum* (trust anglais Royal Dutch-Shell) 23,75 % ; *Compagnie Française des Pétroles* (France) 23,75 % ; *Near East Development Corporation* (trust américain Rockefeller) 23,75 %. L'Arménien Gulbenkian survit à toutes ces combinaisons et conserve ses 5 %. Mais pour prix de son sacrifice *l'Anglo-Persian* reçoit un royalty de 10 % à prélever sur chaque participant du « condominium » de *l'Irak Pétroleum* ; autrement dit, la part française est, affaiblie.

La situation de la Grande-Bretagne est moins brillante que lors de l'accord turco-germano-anglais du 19 mars 1914 qui lui donnait les trois quarts du pétrole de Mésopotamie ; elle n'en possède plus que la moitié. La Turquie éliminée, puis l'Allemagne, enfin la France partiellement frustrée des Accords Sykes-Picot, la politique orientale pétrolière britannique allait tout tenter pour nous évincer de Syrie et nous retirer le contrôle des pauvres 23,75 % qui nous restaient.

Excité par l'agent secret Lawrence, le roitelet Fayçal crée des incidents en Syrie. Le général Gouraud télégraphie à Paris : « *Insurrection soutenue par Angleterre, envoyez renforts* ». Fayçal est battu et nous pouvons nous installer en Syrie.

1921. La mission Franklin-Bouillon signe le traité d'amitié avec la Turquie et — puisque le vilayet, qui nous a été repris, est encore contesté entre Turcs et Anglo-Irakiens — déclare que Mossoul doit appartenir aux Turcs.

Décision pour le moins étrange... et qui ressemble à celle concernant le Fezzan en 1950.

1922. La guerre gréco-turque, fomentée par Basil Zaharoff, ne résout pas la question de Mossoul. Ce litige demeure irritant pour les pétroliers britanniques, car les Anglais ont, armé les Grecs et les Américains ont, soutenu les Turcs qui massacrent trois millions d'Arméniens.

1922. Poincaré veut occuper la Ruhr. *Londres accepte à la condition que la France ne s'occupe plus de l'Irak ni de Mossoul.* Poincaré lâche la Turquie et le droit de regard sur la Mésopotamie... pour quelques années de Ruhr.

Ici, il nous faut évoquer Caloust Gulbenkian qui manœuvre en Asie en collaborateur dévoué de l'Empire britannique et d'Henry Deterding, le Hollandais devenu citoyen anglais avec le titre de *Sir*.

En 1922 la *Standard* ayant obtenu une participation dans les pétroles turcs les pétroliers anglais et américains font la paix (provisoire). Gulbenkian est un patriote arménien qui a voué une haine mortelle aux Turcs, massacreurs des Arméniens, armés par les Américains.

Puisque ces derniers pactisent avec les Anglais, il devient ennemi des pétroliers britanniques et il le restera pendant vingt ans.

De plus, son ami intime Deterding lui enlève une femme d'une grande beauté, la fille du général Koudayarov, pour l'épouser. Gulbenkian ne le lui pardonnera jamais ; il se servira tour à tour des pétroliers anglais et américains pour les trahir et les pousser à s'entre-déchirer.

La question de Mossoul n'est toujours pas réglée, elle devient exaspérante pour les Anglais ; la Turquie s'acharne à réclamer son vilayet. Alors la S.D.N. envoie sur place une commission d'enquête pour connaître « les aspirations des populations habitant le vilayet de Mossoul ». Lorsque la commission arrive. le 27 janvier 1925, c'est pour assister à un soulèvement kurde, à Mossoul, accompagné de massacres sanglants contre les Turcs. La commission s'incline, « les Kurdes sont vraiment anti-turcs » et Mossoul est attribué à l'Irak... protectorat occulte britannique... Et le tour est, joué.

Th. Lawrence, homme inlassable, pense répéter l'opération contre la France en Syrie. C'est l'épouvantable guerre 1925-1926, la révolte druze clans laquelle nos compatriotes et nos partisans meurent par milliers. Nous reconquérons la Syrie au prix de lourds sacrifices... et nous demeurons présents, auprès de nos 23,75 % de pétrole.

Malgré l'insistance de Poincaré, on nous conteste notre droit à l'exploitation du carburant mésopotamien. La chaude affaire de Syrie manquée incite les Britanniques à la prudence car nos officiers citent des faits, des noms et apportent des preuves. Le général Andréa *(La révolte Druze)* et le colonel Carbillet, que j'ai retrouvé officier méhariste à Ouargla, sont particulièrement précis au sujet de l'intervention britannique.

On consent enfin à nous écouter et à forer Kirkuk... qui devient le puits-providence de Mossoul. Nous touchons enfin *notre* part de pétrole. Nous construisons un pipe-line gigantesque de 1.000 kilomètres de long qui, de Kirkuk, aboutit au port de Tripoli du Liban sous notre administration ; les Anglais en édifient un qui aboutit à Haïffa en Palestine. Nous recevons directement à la mer le précieux carburant.

Les troubles, les menées « nationalistes » sévissent à l'état endémique en Syrie. Une promesse hasardeuse de Pierre Viénot, sous-secrétaire d'État aux Affaires Étrangères, incite les Syriens à secouer notre « joug » ; on les aide de tous les côtés à la fois ; Britanniques, Italiens, Allemands et Américains sont dans la coulisse. Notre pétrole attise bien des convoitises ; la Syrie n'est-elle pas le prolongement géologique naturel de la Mésopotamie où l'on a déjà relevé des anticlinaux pétrolifères favorables ? Nous consentons des concessions, mais nous demeurons présents à Damas et à Beyrouth.

Guerre 1939-45. Le général Dentz défend la Syrie contre les convoitises anglaises en 1942. En 1945, le général anglais Spears prend parti pour les Syriens contre la France et nous sommes chassés presque honteusement de Syrie qui a coûté 20 milliards de francs à l'épargne française.

Nous sommes éliminés définitivement d'Asie Mineure. Nous avons manqué d'hommes d'affaires — diplomates pénétrés de l'importance des questions économiques en général et de l'importance du problème pétrolier en particulier. À moins que les servitudes de notre diplomatie...

La France évincée, les pétroliers anglais récupéreront ils sur son dos les parts importantes de leurs gisements pétrolifères données aux Américains en échange de matériel de guerre ?

Les Américains sont des gens qui n'aiment pas beaucoup partager et qui voient dans les événements une occasion de liquider une querelle de suprématie économique durant depuis un demi-siècle, surtout lorsque le shortage dresse son spectre dans leur pays motorisé à outrance. Petit à petit, en Irak (protectorat occulte britannique), les techniciens américains concurrencent les techniciens anglais.

En Arabie, Ibn Séoud se laisse bercer par le tintement des dollars et rompt ses contrats avec les Britanniques pour se lier avec les pétroliers américains de l'A. R. A. M. C. O. ; mais les Anglais n'ont pas dit leur dernier mot ; les Américains le savent si bien que leurs agents secrets ont « travaillé » les tribus de l'Hadramout pour attaquer la place forte britannique d'Aden (Sud de l'Arabie) et Buraïmi, en 1955.

Restait la présence du Haut Commissaire britannique en Palestine, où Lord Balfour avait promis le rassemblement des Juifs épars à travers le monde... dans l'espoir que cette minorité en pays musulman demeurerait dévouée à Londres, donc assurerait la bonne garde de l'exutoire des pétroles mésopotamiens arrivant par le pipe-line Kirkuk-Haïffa.

Le coup de la Syrie allait recommencer, cette fois au détriment de l'Angleterre... Des capitaux énormes permettent aux Juifs d'émigrer coûte que coûte, malgré le blocus anglais, Londres ayant réalisé trop tard le danger de mener une politique musulmane en favorisant les Israélites. Israël est armé en partie par les Américains, en partie par les Soviets (Groupe Stern). La propagande anti-anglaise bat son plein. La ligue arabe, jadis rameau de l'Intelligence Service, entre en guerre contre les Juifs. La Transjordanie, dont le véritable maître est le général anglais Glubb Pacha, et l'Égypte envoient des troupes. Chacun combat assez mal à cause de la vénalité des Égyptiens dont les commandes d'armes pour l'armée égyptienne arrivent en Israël. Finalement le dernier mot reste à Israël. La Grande-Bretagne est battue. Aux élections générales, le parti communiste juif recueille un nombre insignifiant de voix. L'U.R.S.S. est aussi battue. Les modérés triomphent ; les Américains se frottent les mains : leur argent a été bien placé, momentanément, semble-t-il, puisqu'une deuxième guerre israélo-musulmane peut tout remettre en question.

La majorité du Proche-Orient glisse sous l'influence américaine. Les pétroliers américains, en moins de dix ans, ont réalisé ce royaume pétrolier d'Asie Mineure que Londres ne put réussir en quarante ans d'efforts soutenus. Cela ne veut pas dire que la tragi-comédie est terminée en terre biblique. Ni Londres, ni Moscou ne sont encore résignées et la tentative d'assassinat du colonel Sterling, le 7 novembre 1949, à Damas, en est la preuve. Nous renonçons à la nomenclature des assassinats et, coups d'État en Syrie depuis notre départ de 1945. Chaque fois que l'influence américaine grandit au Sérail, il y a crise politique en Syrie. Quand la prééminence britannique devient gênante, une autre crise s'ouvre : la Syrie souffre du pétrole !...

L'accord anglo-américain n'a pu se réaliser qu'au Koweit. Les Américains ayant exigé en paiement de fournitures de guerre des « actions des sociétés de pétrole », les pétroliers anglais et américains ont constitué un condominium d'affaires, actuellement un des plus riches débits, de carburant d'Asie Mineure.

Les Américains, réalistes, ont pris position sur des terres jadis d'influence franco-anglaise, car ils craignent une disette du pétrole américain. Ils n'attendent pas la dernière goutte du dernier forage américain, ils savent, comme le sous-entendait Clemenceau, qu'un jour prochain « une goutte de pétrole vaudra une goutte de sang » et que les « ressources mondiales » pétrolières américaines sont évaluées à 30 % alors que celles du monde arabe d'Asie Mineure valent 55 %.

La « part française » du pétrole de Mésopotamie s'est élevée à 8.871.000 tonnes de naphte (consommation annuelle française environ 22 millions de tonnes). Pour que ce « pétrole français » serve aux Français, encore faut-il pouvoir l'amener d'Asie Mineure en France, c'est-à-dire que la Méditerranée soit libre... même en cas de guerre !

D'autre part, *l'Europe occidentale est ravitaillée, pour 93 %, en pétrole d'Asie Mineure.* Telle est la raison essentielle qui incite les stratèges à penser que *la première phase* de la troisième guerre mondiale aura lieu en Orient, de Casablanca à Bassora via Suez et que de son issue dépendra le sort de l'Europe. Nous verrons par la suite les préparatifs de cette guerre (malgré le trompe l'œil des Conférences).

Telle est l'importance, insoupçonnée du public, des problèmes d'Asie Mineure où la guerre froide du pétrole sévit avec intensité entre agents secrets anglais, américains et soviétiques appuyés par leurs diplomaties respectives.

L'avertissement solennel de Clemenceau pendant la première guerre mondiale n'a pas servi de leçon à ses successeurs : la France demeure toujours sous la dépendance du pétrole étranger.

III

À CAUSE DU PÉTROLE

LES PORTEURS DE FONDS RUSSES

NE FURENT PAS REMBOURSÉS EN 1927

La prévention antisoviétique a ses origines dans la spoliation des porteurs d'emprunts russes émis avant 1914. À notre connaissance, personne n'a encore essayé de déceler ce « mystère ».

Le 21 septembre 1927, M. Rakowsky, ambassadeur de l'U.R.S.S. en France, adresse au Président de la « Conférence franco-soviétique » de Paris, une proposition de son gouvernement dont nous détachons :

« ... Le gouvernement de l'Union des Républiques Soviétiques Socialistes accepte de verser au titre de sa quote-part, pour le règlement des emprunts d'avant-guerre émis ou garantis par les anciens gouvernements russes et cotés en France : 41 annuités, de 60 millions de francs-or chacune, représentant le nombre moyen des annuités fixées dans le tableau d'amortissement et prévues par les contrats d'émission ; 10 annuités, de 60 millions de francs-or chacune, à titre de l'arriéré et représentant la compensation des versements non effectués depuis l'interruption du service ale la dette ; 10 annuités, de 60 millions de francs-or chacune, à titre de bonification supplémentaire. »

Nous vous faisons grâce des précisions et dispositions supplémentaires. Nous présentons un fait historique très ignoré chez nous : en 1927, le gouvernement soviétique offre le rembourser aux porteurs français d'emprunt russe, *trois milliards 660 millions de francs-or.* Il est spécifié plus loin :

«... Le gouvernement de l'Union des Républiques Soviétiques Socialistes s'engage à déposer à titre de provision, dans un délai de six mois à dater de ce jour, dans une banque de France, la somme de *30* millions de francs-or représentant la moitié de la première annuité destinée au paiement des porteurs d'emprunts d'avant-guerre».

Cette proposition de la délégation soviétique — la seconde, celle de 1926 n'ayant pas abouti — indique un effort de Moscou pour s'intégrer dans le cycle des relations internationales. Sur cette base de 3.600 millions de francs-or, les délégations pouvaient discuter et beaucoup de petits rentiers français, qui croyaient avoir tout perdu après la révolution de 1917, se seraient, estimés heureux de récupérer la majeure partie de leurs capitaux et de leurs intérêts.

Le gouvernement de l'U.R.S.S. mettait une condition à ce remboursement des dettes de l'ancien régime. Il demandait une ouverture de crédits industriels et commerciaux destinés au développement des relations économiques entre la France et l'U.R.S.S.

«... Le chiffre total de ces crédits est fixé à 120 millions de dollars, et cela pendant une période de six ans *Ils sont exclusivement destinés à des commandes passées à l'industrie française,* entre autres de produits coloniaux, dans la production de deux tiers pour les commandes et d'un tiers pour les achats. Ces crédits sont destinés uniquement, à des buts productifs, c'est-à-dire à l'outillage pour l'industrie, l'agriculture, les transports et l'économie municipale.

« L'amortissement de chaque tranche de ces crédits se fera après six années écoulées, mais le versement des intérêts commencera à dater de la première année de l'octroi de ces crédits. La délégation soviétique est prête à examiner avec la délégation française les garanties réelles qui devront assurer le paiement régulier des intérêts et du principal de ces crédits... »

Autrement dit, bien que l'U.R.S.S. ne se sente pas responsable des emprunts contractés par le régime tzariste, elle consent à les rembourser, moyennant qu'en retour, on l'aide à construire son économie intérieure.

Nous avons dit que l'idéologie s'effaçait de nos aperçus réalistes sur l'économie politique, la seule science qui compte entre les peuples et pour laquelle on se bat. Nous continuons donc à raisonner avec la même indépendance d'esprit.

L'octroi de crédits — productifs d'intérêts — crédits très inférieurs à la somme remboursée nous permettait de récupérer une partie appréciable du bas de laine français. Ensuite, ces crédits assuraient, puisqu'ils devaient être employés exclusivement à des achats en France, un programme de constructions à longue échéance pour nos industries et un débouché permanent pour nos produits coloniaux, qui, trois ans après, devaient sombrer dans le marasme le plus complet faute d'acheteurs. Une telle combinaison aurait été acceptée par n'importe quelle nation marchande et soucieuse du bien-être et de l'enrichissement de ses citoyens. En somme, une sorte de petit Plan Marshall à usage limité. On demandera si nos finances permettaient l'octroi de ces crédits ? On a déjà répondu : non. Nous répondons par l'affirmative et en voici la preuve :

En 1924, nous prêtons 324 millions de francs à l'Allemagne, qui s'abstient de payer ses dettes mais mène une politique hardie de constructions d'usines modernes et d'autostrades ; en 1930, nous lui avançons à nouveau 2 milliards 500 millions. À l'Autriche, aussi ex-ennemie, nous octroyons les crédits suivants : 170 millions en 1923, 71 millions en 1925, 75 millions en 1926 et 325 millions en 1932. À la Hongrie, toujours dans le clan des empires centraux : 64 millions en 1932, 96 en 1927, 60 en 1936, 354 en 1931. Tout ce bon argent français nous a été remboursé sous forme de bombes.

Ne croyez pas que nos octrois de crédits à l'étranger se limitent à ces pays pendant cette période. À la Chine, nous prêtons 67 millions ; à la Belgique 400 millions ; à la Roumanie, 875 millions en 1923, 640 en 1929, 575 en 1931 ; à la Pologne, malgré le flirt Beck Goering, 2 milliard ; à la Bulgarie, 45 millions en 1925, et 130 en 1929 ; à la Turquie, 770 millions ; au Chili, 35 millions ; à la Yougoslavie, 770 millions ; à la Tchécoslovaquie, 600 millions. Les Français, en contemplant leurs feuilles d'impôts ascendantes, ne se croyaient pas si riches... De tous ces investissements, que nous est-il revenu ?

Cette nomenclature n'est donnée que pour indiquer que la demande de crédit soviétique de 120 millions de dollars (1927) demeurait dans les possibilités française du moment ; l'argument, invoqué par la suite, de la pauvreté de nos finances ne tient donc pas.

La délégation française — Raymond Poincaré est Président du Conseil — se bute et exige que la question du remboursement des dettes soit indépendante de l'octroi des crédits. La délégation soviétique veut lier les deux problèmes. L'accord ne paraît pas réalisable malgré le pathétique appel de Charles Baron, député des Basses-Alpes, Président à la Commission des mines et des pétroles, adressé au Président du Conseil, dont nous détachons les passages suivants :

« ... À l'appui d'une doctrine on peut, soit en invoquant les conséquences de la Révolution russe, soit en la comparant, toutes proportions gardées dans le temps, avec la Révolution française, essayer d'égarer ou de soulever l'opinion nationale, si longtemps nourrie de contradictions dont les spéculateurs seuls jusqu'à ce jour, ont tiré un illégitime profit. À cette honteuse spéculation, il faut mettre un frein.

« ... Nous sommes convaincus que les garanties existent. La République de l'U.R.S.S. possède sur son sol des richesses infinies et inexploitées que les crédits envisagés permettraient de mettre en valeur. Certaines, comme les métaux rares et précieux, la houille, le *naphte surtout, ont* une grande valeur intrinsèque, une valeur d'échange absolue... »

Or, M. Charles Baron, était allé eu U.R.S.S. faire un long stage dans les différentes exploitations pétrolifères du Caucase. Il savait ce dont il parlait, il savait surtout que si nous continuions à bouder la Russie, ceux qui nous incitaient à adopter cette attitude n'hésitaient pas à essayer de s'entendre directement avec elle pour conclure des affaires, comme nous le verrons par la suite.

En bref, malgré des intérêts commerciaux strictement nationaux, malgré les intérêts des porteurs français de fonds russes, la délégation française sur l'avis du gouvernement, repousse les offres soviétiques ; et les épargnants voient passer devant leur nez les 3.360 millions de francs-or. Après la Conférence de Genève de juillet

1955, la Bourse a enregistré une demande des anciens titres russes.

La politique française de 1927 est d'autant plus incohérente que l'U.R.S.S. obtiendra notre argent par un moyen détourné moins onéreux pour elle, c'est-à-dire en nous vendant un gros volume de marchandises et en ne nous achetant presque rien. En 1928, vis-à-vis de la France, *sa balance commerciale était bénéficiaire* de 21.300.000 dollars ; en 1929, de 20.865.000 dollars ; en 1930 de 28.110.000 dollars ; en 1931 de 17.130.000 dollars ; en 1932 de 18.495.000 dollars, etc. Ces 20 millions (en moyenne) de dollars annuels, qu'elle récupérait sur sa balance commerciale avec la France, correspondent au prêt à intérêts qu'elle demandait à notre pays et lui permettaient de passer les commandes aux commerces étrangers. En résumé, l'entêtement de nos gouvernants de l'époque nous faisait perdre sur toute la ligne.

Une fois de plus, nous cédions à la pression de l'étranger qui se servait de notre pays dans les buts lointains et obscurs, qui laisse déjà deviner le premier paragraphe de la lettre de M. Charles Baron citée plus haut, pourtant écrite en 1928. Le gouvernement français n'est pas maître de ses actes et les pétroliers britanniques suggèrent à leurs diplomates des raisons qu'avalise le Foreign Office. *Il ne faut pas traiter avec l'U.R.S.S. On doit maintenir contre elle une psychose de méfiance ou de haine parce qu'elle a nationalisé, en 1920, les immenses richesses pétrolifères du sous-sol russe qui procuraient, avant 1914, des milliards à certains groupes financiers.*

Qui trouve-t-on parmi ces groupes financiers ? D'abord le trust anglais de Deterding *(Royal Dutch-Shell)* qui s'occupe depuis 1903 du pétrole russe ; puis les fameux frères Nobel ; les Rothschild dans la *Société Caspienne-Mer Noir ;* quelques producteurs américains et de grands propriétaires russes : Mantacheff, Lianosoff, etc. Le bénéfice (net et officiel) *rien que pour les pétroles de la région de Bakou,* encaissé de 1875 à 1920 a été chiffré à 19 milliards 756 millions de francs-or.

On conçoit aisément que la nationalisation des sources et de l'industrie pétrolières par les Soviets ait porté un coup rude aux capitalismes étrangers qui, *pour tout l'ensemble de l'industrie du pétrole russe,* dépassait à peine, en investissements, trois milliards de francs-or. Or, sur cette somme, le groupe britannique Deterding est engagé pour 420 millions de francs-or, le groupe français pour 120 millions de francs-or, et le groupe belge pour 105 millions de francs-or.

Enfin, pour corser le tout, un facteur sentimental intervient ; Henry Deterding, le Hollandais « Napoléon du pétrole » britannique épouse en secondes noces *une Russe blanche,* la fille du général Zariste Paul Koudayarov, dont il divorcera le 21 mai 1936 pour se remarier, quelques mois après, avec une Allemande. Donc, pour bien des raisons, la haine du « Napoléon du pétrole » va devenir une haine nationale britannique qui déteindra sur d'autres pays satellites du Foreign Office.

Lorsque la nationalisation des pétroles est décidée en U.R.S.S., les titres garantissant les industriels pétroliers russes s'effondrent. Le groupe britannique ne vend pas ; au contraire, il rachète à bas prix tout ce qu'il peut trouver sur les marchés étrangers. Il a la ferme conviction que, tôt ou tard, le régime communiste mordra la poussière. Alors le groupe britannique deviendra maître de l'immense majorité des industries pétrolifères russes, grâce aux montagnes d'actions empilées soigneusement dans ses coffres-forts. À défaut de cette éventualité, persuadé que le capital-argent aura le dernier mot, il pense qu'un jour il sera possible de « converser » avec les Russes ; il se présentera comme principal propriétaire des pétroles russes.

Mais le plus tôt serait le mieux ! Les premiers contacts avec l'U.R.S.S. n'étant guère favorables, on essaie de forcer le Destin par les moyens habituels bien connus des pétroliers. On encourage les groupes de Russes blancs, qui tiennent tête aux milices soviétiques, par le truchement d'agents secrets. On fournit des armes aux révoltés de Géorgie qui finissent par se faire massacrer.

On crée une armée, une flotte et un franc spécial pour Wrangel qui part à la conquête de son pays ; c'est une déroute et une faillite complètes. Puis c'est le tour de l'amiral Koltchak qui échoue aussi piteusement. La flotte britannique tire sur les émeutiers de Petrograd quand Staline se bat en personne dans les rangs des révolutionnaires. Il n'y a que les Polonais qui arrivent à se défendre et à conserver leur intégrité territoriale en 1920, grâce aux officiers et au corps expéditionnaire français.

Les épreuves de force contre l'U.R.S.S. s'avèrent vaines et ces échecs indisposent de plus en plus Henry Deterding qui amplifie les opérations financières et politiques. Il constitue et contrôle des groupements de porteurs d'actions russes ; il surveille les syndicats de défense contre les Soviets et, surtout, il organise une campagne quasi mondiale contre le régime soviétique qui, espère-t-il, finira bien par disparaître un jour dans un conflit armé. Ce jour-là, l'U.R.S.S. sera obligée de lui restituer les concessions pétrolifères représentées par ses actions pour la plupart acquises au prix du papier.

Pour bien indiquer qu'il n'y a aucune velléité de romancer dans cette vaste opération, laissons la parole à Raymond A. Dior.[4]

« ...Deterding joua le double jeu ; il misa sur la chute prochaine des Soviets, en raflant les anciens droits qui constituaient, en somme, un billet de loterie gagnant en cas de restauration tzariste : mais, en secret, il négocia avec Krassine à Londres et signa un projet de contrat accordant à la Shell l'exclusivité du transport, de la vente et de l'exportation des pétroles russes ; *Lloyd George promettait la reconnaissance « de jure » des Soviets.*

« Alors s'ouvrit la Conférence de Gênes, en mai 1922. Bien que consacrée au règlement difficultueux de la Paix, ce fut une conférence de couloirs dominée par la question du pétrole. Les Russes, sollicités de partout, flairant le danger d'une association avec la Royal-Dutch Shell, divulguèrent froidement le projet de contrat, Deterding signé par son agent le colonel Boyle.

« Tous les pétroliers du monde accoururent à cette nouvelle ; des diplomates américains préparèrent une protestation ; la France envoya M. Laurent-Eynac, qui n'y connaissait pas grand-chose, mais en lui adjoignant M. Pineau, spécialiste, futur directeur de l'Office National des Combustibles Liquides. Et, devant le scandale, le contrat Deterding ne fut pas signé : « *Je ne m'associerai jamais aux agissements d'un groupe qui chercherait à déposséder d'anciens propriétaires* », déclara Deterding pour s'excuser vis-à-vis des gens auxquels il avait racheté leurs droits. « *Je ne serai jamais un recéleur, ni directement ni indirectement.* »

---

[4] *Le pétrole et la guerre.* (Éditions du Crapouillot, Paris)

À la confirmation de A. Dior, ajoutons le témoignage du grand historien allemand, Emil Ludwig (extrait de son livre *Staline,* édité en pleine dernière guerre à New-York). Il explique que les dirigeants soviétiques durent lutter les armes à la main contre les Allemands, Polonais, Roumains, Français, Anglais et *Japonais* intervenant dans la révolution russe : « *... sous prétexte d'écraser le bolchevisme, mais en réalité pour s'emparer... du grain et de l'huile... »*

Le traducteur écrit *l'huile* à la place de *pétrole,* mot prohibé aux États-Unis surtout en pleine guerre. Ainsi la question du pétrole russe se situe mieux dans l'Histoire.

Sans un pince-sans-rire soviétique qui dévoila la manœuvre de Deterding pour tenter d'accaparer le monopole du trafic du naphte russe afin d'en faire profiter la flotte pétrolière britannique de la *Shell,* la manœuvre allait pourtant réussir. On conçoit dès lors l'acharnement du trust britannique — et par extension de la politique anglaise — contre Moscou qui se dresse en pétrolier indépendant. La campagne anti-soviétique reprend de plus belle à travers le monde et plus spécialement dans la presse s'ornant de placards de publicité pour les filiales du trust britannique.

En 1926-1927, la France marche sur sa lancée glorieuse de 1918. Le monde garde les yeux fixés sur elle. On la suit encore ; la flamme sur le tombeau de l'Inconnu éclaire d'une lumière aveuglante. Si la « Conférence franco-soviétique » de Paris s'était terminée par un accord à la fois profitable pour les épargnants français porteurs de fonds russes et pour nos échanges commerciaux avec la Russie, la décision de la France eut soulevé une curiosité unanime. Les regards eussent été attirés par la mue d'un immense pays mal connu ; la rancœur des petits rentiers spoliés, qui criaient au vol donc à l'injustice, s'estomperait devant l'offre de bonne volonté de remboursement des dettes russes. La psychose antibolcheviste s'effacerait. Mis en confiance, on aurait demandé à voir, à comprendre et à juger.

L'enjeu psychologique était trop considérable pour n'avoir pas été compris des pétroliers. Il ne fallait pas que cette détente se produisît. Alors les porteurs de fonds russes eurent à peine connaissance de cette offre de 3.360 millions de francs ; la plupart n'ont jamais entendu parler de l'enjeu de cette conférence franco-soviétique. Et le ressentiment de leurs enfants aidera peut-être un jour, les pétroliers dans leur tentative de reprise de leurs anciens biens.

Deterding est mort, mais il a un successeur qui couve toujours d'un œil attendri les monceaux d'actions des pétroles russes jalousement gardées dans des chambres blindées. La détente soviéto-anglo-américaine a duré de 1941 à 1945. Après l'alliance momentanée pour écarter fin ennemi commun,[5] les rapports se sont tendus à nouveau.

Mais, à partir de 1947, les rapports anglo-américains deviennent mauvais ; les presses officielles s'invectivent ; Londres se rapproche de Moscou et l'on parle d'un accord secret, entre les deux pays grâce à l'entremise de M. Gromyko. L'or soviétique vient agi secours de la Banque d'Angleterre et Londres reconnaît Mao Tsé Toung ennemi de Washington qui prend peur. Le Pentagone lâche la « plaque tournante » anglaise d'Europe pour la

---

[5] N'oublions pas que Hitler, après avoir occupé les gisements de pétrole autrichien, vassalisa les pétroles roumains et lança sa fameuse offensive vers les pétroles du Caucase. Pendant ci temps, le Japon occupait les puits de pétrole de Birmanie et ceux de Java et Sumatra, berceau de la *Royal Dutch*. La guerre 1939-45 touchait donc directement les trusts pétroliers anglais, américains et soviétiques. Ce qui explique l'anéantissement de la plupart des hauts dignitaires du IIIe Reich, coupables d'avoir compris la « stratégie mondiale du pétrole ».

« plaque tournante » espagnole bien que Franco fût attaqué la veille par la presse américaine.

La Grande-Bretagne pratique-t-elle un chantage à l'entente anglo-soviétique pour rabaisser les prétentions économiques américaines (chantage prévu par Mussolini avant sa mort, dans « la confession aux étoiles ») ? Désormais, il y a soupçon, dans l'esprit américain, d'un lâchage de dernière minute de l'Angleterre et les bagarres secrètes de la Paix s'en ressentent. Personnellement, nous croyons le sort des Anglais et des Américains, concurrents farouches, indissolublement liés. Tous deux représentent le capitalisme adversaire du collectivisme. Ils survivront ou périront ensemble. Mais le machiavélisme anglais n'est pas un vain mot.

Puis, les pétroliers anglais, possesseurs des titres pétrolifères russes, n'opèrent-ils pas, désormais, en participation avec certains pétroliers américains en cas de récupération des gisements de naphte soviétiques ?...

IV

LE PÉTROLE,

CAUSE DE LA GRANDEUR

ET DE LA DÉCADENCE DE HITLER

Le 18 avril 1947, à 12 heures précises, le capitaine de corvette F. Milred, de la Marine Royale Britannique, abaisse une manette. Une détonation effrayante, une gerbe de feu et de pierres de 3.000 mètres de haut, des craquements sans nombre, des falaises qui s'écroulent. La Grande-Bretagne fait sauter la forteresse maritime d'Héligoland, la « Gibraltar allemande » de la mer du Nord.

Ce geste, que l'Angleterre avait refusé d'exécuter au lendemain de la guerre 1914-18, elle le réalise en 1947. Elle se venge de Hitler sur l'Allemagne, elle se venge de sa plus grande déconvenue des temps modernes, elle se venge de la trahison de son agent Hitler, c'est-à-dire de l'agent du dictateur du pétrole britannique Henry Deterding.

Il faut se souvenir d'Héligoland pour mesurer le fossé qui sépare l'Allemagne de l'Angleterre et pour jauger les futures coalitions en présence. Je suis de l'avis d'ambassadeurs estimant que l'Allemagne ne se trouvera jamais dans un camp englobant la Grande-Bretagne, donc qu'une troisième collusion germano-russe est déjà inscrite dans le ciel en lettres de feu. Cette alliance est d'ailleurs logique pour évincer les trusts étrangers qui colonisent l'Allemagne. Et Londres commence à méditer ses

49

maladresses en se rapprochant de Moscou afin de tenter d'éviter de se trouver en dehors de ce bloc continental qui serait invincible en Europe.

Que sortira-t-il de cette course entre Anglais et Américains pour la possession du pétrole soviétique ? Sans doute la troisième guerre mondiale. Précisons toutefois que si ce pétrole a été la cause de la grandeur et de la chute de Hitler, il ne sera plus l'unique but à atteindre lors de la prochaine explication internationale.

Le chapitre précédent a montré, à propos des emprunts russes, les tentatives de récupération des entreprises pétrolières du Caucase. Après les échecs des « révoltés » de Géorgie, de Wrangel et de Koltchak, les pétroliers constatent que pour abattre les Soviets il faut une autre puissance que quelques milliers d'hommes hâtivement armés. Une véritable guerre est nécessaire. Reste à trouver le peuple, et surtout le chef qui mènera le pays à la conjoncture désirée.

L'Allemagne est un pays sans âme au lendemain de sa défaite de 1918 ; elle compte 7 millions de chômeurs. Le désordre et la misère y sont indescriptibles. Les républicains de Weimar ne sont pas pris au sérieux ; ils sont assassinés les uns après les autres et leurs agresseurs courent encore. Le Dr Dorien, avec l'aide du général Mangin, veut créer une république rhénane mais le Lorrain Poincaré laisse massacrer ses partisans à Pirmasens ; Dorten se réfugie en France. Un Autrichien, nommé Hitler, tente un mouvement séparatiste en Bavière. Trahi, il échoue et est incarcéré à Munich.

Les observateurs étrangers regardent attentivement ces sursauts allemands. Dorten est un intellectuel francophile, un Allemand patriote ; il a brisé son épée à la défaite plutôt que de la remettre. Hitler est, avant tout, un étranger, un non-Allemand ; de plus, on l'apparente à un aventurier qui à tout à gagner et rien à perdre. Les Britanniques tiennent le raisonnement suivant : si l'Autrichien échoue en Allemagne, aucune répercussion puisqu'il est étranger ; s'il réussit et s'il devient trop gourmand, on n'aura aucune peine à persuader les Allemands de se débarrasser d'un citoyen étranger. Et, dans sa prison de Munich, le séparatiste bavarois Hitler reçoit de nombreuses et mystérieuses visites. Il se met alors à écrire un catéchisme allemand *Mein Kampf,* puisque l'aventure se transforme en croisade.

Au cours d'un voyage en Allemagne, j'apprends beaucoup de choses et l'histoire s'éclaire étrangement. Alors que personne ne pense à cette question, le 8 octobre 1936, je publie un article intitulé : « *L'inévitable conflit entre le Reich et l'U.R.S.S.* ». Détachons quelques passages écrits à cette époque :

« ... *Qui trouve-t-on dans l'entourage de Hitler ? D'abord George Bell, Anglais naturalisé Allemand, agent politicofinancier entre Hitler et Deterding. Puis Standers, Grenwalh, Etterton, tous de l'Intelligence Service, figurent aux côtés du Führer pendant son ascension, cela n'est un secret pour personne, pas même pour les ambassades...* »

Et je conclus : « *Il faut que Hitler, s'il veut conserver son sceptre, évince complètement les ingénieurs américains de Russie et page sa dette à Deterding en lui permettant de faire valoir ses titres sur le pétrole du Caucase. Telle est la vérité de base sur un conflit qui menace d'ensanglanter à nouveau le monde* ».[6]

Répétons que ces lignes datent du 8 OCTOBRE 1936. Que Hitler, s'étant servi de l'argent du pétrolier anglais

---

[6] *Choc.* hebdomadaire parisien, directeur : colonel Guillaume.

pour créer un « Grand Reich » ait oublié ses promesses
après avoir fait assassiner Bell cela est une autre histoire de
l'homme dépassé par son succès.

Les agents de Deterding avaient trouvé « leur >»
homme mais parallèlement à ce travail de création d'éthique,
le Foreign Office travaillait à la renaissance allemande. Lloyd
George refuse le démembrement allemand demandé par
Foch, alors qu'il a imposé celui de la secondaire Turquie
pétrolifère amputée les trois-quarts de son territoire. On a
encore en mémoire les bienveillances britanniques pour le
contrôle des armements allemands, les plans Dawes,
Young, les prêts et emprunts consentis au Reich sous
l'égide de la S.D.N. et auxquels les contribuables français
durent participer par millions (voir chapitre précédent). Bref,
l'Allemagne et les satellites qu'elle devait entraîner avec elle
(Autriche, Hongrie, Roumanie, Bulgarie) reçoivent les aides
les plus importantes de leurs anciens ennemis.

Pendant ce temps, Hitler forge un moral au peuple
allemand. D'abord 7 élus, puis 107, puis la majorité. Il est
le maître de l'Allemagne. Ses campagnes antisoviétiques
constituent l'aliment quotidien de sa presse ; il construit la
psychose. Adroitement d'ailleurs puisqu'il n'oublie pas la
France, objet de la revanche allemande. *Mein Kampf* attaque
la France mais ménage l'Angleterre. Le trompe-l'œil est
parfait. Deterding verse des millions de marks et les maîtres
de forges allemands suivent le mouvement puisque Hitler
ne parle que du réarmement-revanche de l'Allemagne.

Tout marche très bien jusqu'en 1933, grâce semble-t-il
à M. von Papen[7] que nous tenons pour l'agent de liaison

---

[7] Fritz von Papen, ancien agent 7.000 aux U.S.A., bien qu'il s'en défende 30 ans
après (témoignages de Philippe Berthelot et de Louis Forest envoyés en Amérique
pour combattre les effets de sa propagande). Expulsé des États-Unis, Camérier
secret du Pape, conseiller de Hitler, ambassadeur du Reich. À Ankara, ambassadeur

secret entre Hitler et la diplomatie anglaise, et aux agents britanniques qui entourent le Führer et contrôlent ses actes.

On n'a pas oublié que Caloust Gulbenkian est devenu depuis 1922 l'ennemi personnel et acharné d'Henry Deterding et de la politique britannique par extension. Fort au courant de l'opération Deterding-Hitler-Foreign Office, lorsqu'il juge que la machine arrive à sa phase de rendement, il envoie un de ses hommes de confiance prévenir Hitler qu'il n'est qu'un jouet, qu'un instrument entre les mains d'un entourage pro-anglais ; l'Allemagne redevenue puissante, on lui annonce qu'il sera supprimé lui et sa bande, pour confier le destin du pays à son maître légitime, le successeur du kaiser.[8]

---

de Hitler (qui l'épargna lors du massacre de Munich en 1934), soupçonné de faire le jeu britannique, il était surveillé jour et nuit par Diello sur l'ordre personnel de Kaltenbrünner (témoignage de Kurt Singer). Frédéric Mégret (La Bataille du 27/12/49), en visite chez le colonel Sterling, chef des services secrets britanniques en Syrie et victime d'un attentat, a écrit : « J'ai eu le temps d'apercevoir, dans le bureau où les balles ont claqué cette nuit, deux photos. Celle d'un Bédouin ou soi-disant tel, le colonel Lawrence et une autre photo : Sterling à la chasse aux côtés de von Papen. »

Fritz von Papen fut sauvé de la pendaison à Nuremberg sur intervention britannique. Libéré facilement peu de temps après, boycotté par ses compatriotes, il dut chercher refuge en zone d'occupation britannique. À écrit ses mémoires « blanchis » reproduits dans la presse française anglophile. L'homme parait être mis « en réserve » malgré son âge. À des attaches étroites avec le Vatican, dont la politique est orientée par des Jésuites allemands américanophiles.

[8] Anton Zischka raconte que le « Napoléon du pétrole », Sir Henry Deterding, a accompagné Hitler pendant une campagne électorale « ...buvant des yeux et des oreilles ses gestes et ses paroles ».

D'après Xavier de Hautecloque, l'agent financier entre Deterding et Hitler, l'avocat britannique George Bell, aurait trop parlé et trop écrit sur l'état des relations entre les deux hommes dans l'espoir d'un demi-chantage pour améliorer sa situation personnelle. Quant Hitler l'apprit, il fit rechercher Bell, qui se cachait dans une petite auberge d'Autriche, par sa police secrète ; un tueur l'abattit de six coups de revolver. Deterding sachant son agent « brûlé » avait refusé de le recueillir. La collusion Deterding-Hitler était largement connue des initiés.

La suite est connue ; l'exécution des agents britanniques commencée en 1933 s'achève par le massacre du clan allemand anglophile (Munich 1934), Roehm en tête. C'est l'écroulement total du plan de Deterding. Hitler vient de signifier à Londres qu'il n'est plus aux ordres des pétroliers britanniques, mais de la nation allemande.

Deterding ne se relève pas de cet échec. Le Foreign Office ne pardonne jamais les défaites de cette importance ; de même que Sir Basil Zaharoff avait dû se retirer en France sous une bonne garde personnelle, à la suite de l'aventure gréco-turque, Deterding abandonne les affaires du trust, rentre dans l'ombre et, finalement, revient dans son pays, la Hollande, où il divorce pour épouser une Allemande en 1936. Lorsque, pendant la guerre, Deterding meurt, deux hommes de la garde personnelle du Führer apportent sur le cercueil une immense couronne en fleurs naturelles cravatée aux couleurs hitlériennes. Hitler se souvient que, sans le pétrolier hollando-anglais qui l'a tiré de sa prison de Munich, il ne serait rigoureusement rien.

Si l'histoire Hitler-Deterding s'arrêtait en 1934, elle serait presque « morale ». Hélas, il y a une suite, c'est-à-dire la mégalomanie de Hitler, l'Anschluss, les Sudètes, la Tchécoslovaquie... De valet-chef, Hitler est devenu maître à tel point redouté qu'en 1938, Londres et Paris envoient des missions militaires en U.R.S.S. pour essayer de constituer un contre-poids territorial devant les appétits .allemands. Les missions militaires ne savent pas parler aux Russes ; elles s'entêtent sur des questions de détail alors qu'il était nécessaire de conclure très vite. Les Allemands, inquiets de ces pourparlers sovieto-anglo-français (ils redoutent par-dessus tout, un deuxième front), agissent dans la coulisse. Ils démontrent aux Soviets que la Grande-Bretagne n'a rénové l'Allemagne que dans le but de la transformer en puissance marchante vers les anciens biens des pétroliers anglais. Ils en apportent les preuves. Staline en a le souffle coupé ; il réalise que c'est la suite aux expéditions Wrangel et Koltchak qui se trame. Hitler se pare de sentiments qu'il n'a jamais eus ; il fait expliquer qu'il a rompu en 1934 avec Londres parce qu'il ne voulait pas attaquer l'U.R.S.S. Et c'est l'accord germano-soviétique de 1939 ; Moscou s'engage à fournir les matériaux stratégiques (dont le pétrole) et le grain nécessaires au Reich. Affolée, Londres déclare la guerre entraînant la France dans le conflit. « La guerre qui pouvait être évitée » dit Winston Churchill après Mussolini.

Quand la France est envahie en 1940, Hitler multiplie les avances de paix à la Grande-Bretagne à « des conditions de victoire » et renonce à sa tentative de débarquement sur les côtes anglaises. Ce n'est pas par amour pour la France, que Churchill repousse ces offres, mais parce que la confiance britannique en Hitler est morte ; il craint un piège. Pourtant, Hitler sent le danger d'attaquer l'Angleterre dans son île. Que faire pour regagner la confiance britannique ? Reprendre le plan Deterding ? On prétend que ce fut une « suggestion »... 1941, rupture avec Moscou et attaque allemande ; 1942, les armées allemandes se hâtent vers le Caucase pétrolifère ; l'arrêt est Stalingrad. Un diplomate français a écrit : « Si Hitler s'était emparé des puits de pétrole du Caucase, il eût été un des « grands » au banquet mondial. »

Erwin F. Neuberg, un écrivain allemand réfugié en Argentine, (les mieux documentés sur la diplomatie financière internationale, s'occupe, en 1954, du rôle de la *National Chase Bank* américaine, instigatrice principale du Plan Marshall. Il écrit :

« Pour protéger le flanc de ses champs pétrolifères en Arabie Séoudite... dans l'éventualité d'une guerre avec la Russie, elle (la Chase Bank) fit octroyer 600 millions de dollars à la Grèce et à la Turquie comme contribution des fonds d'État américains ».[9]

Qui est la *National Chase Bank* ? Tout simplement l'établissement bancaire « cerveau » des affaires Rockefeller, donc de la *Standard Oil C°*, grand électeur du parti républicain américain, celui qui a suscité la candidature du général Eisenhower et subventionné son élection. Et nous retrouvons la *Chase Bank* parmi les trois principales entreprises américaines de colonisation économique de l'Allemagne.

Nous avons parlé de l'emprise des trusts pétroliers britanniques sur l'Allemagne d'entre les deux guerres. Mais les pétroles américains n'étaient pas absents de la scène ; ils essayaient de lutter contre la *Shell-Royal Dutch* sur un plan à peu près uniquement commercial. Nous ne connaissons pas leur arrière-pensée ; on a murmuré qu'ils ne seraient pas étrangers à l'intervention de Gulbenkian auprès de Hitler pour amener la chute de Deterding. Ce n'est qu'un bruit. Par contre, la presse allemande a publié des placards de publicité montrant une colonne militaire motorisée allemande avec cette légende : « Au service de l'armée sans souci, la

D. A. P. G. (filiale allemande de la *Standard Oil*) a trouvé le moyen de verser aux réservistes appelés sous les drapeaux 50 % de leur salaire pendant la durée de leur période militaire », et une autre photo représentait l'orchestre de la *Standard* allemande jouant sous une immense croix gammée. Pas de jaloux, chaque trust cherche

---

[9] *Der Weg*, édité à Buenos-Ayres. Neuberg est décédé, depuis, dans un accident de montagne...

sa voie dans le hitlérisme. Le trust américain collabore déjà militairement avec l'Allemagne.[10]

Le journal anglais *New Statesman*, qui a révélé que les usines Ford, à Cologne, n'ont pas reçu la moindre bombe, mène grand bruit au sujet du grand trust allemand l'I. G. Farben, dont les installations principales de Francfort, sont restées intactes.[11] (I. G. Farben, capital d'environ dix milliards de francs en 1939). Ces remarques ont provoqué d'ailleurs un mouvement d'humeur public du Président Truman qui a reproché aux journalistes français de mettre en relief les singuliers traitements de faveur dont ont bénéficié certaines entreprises allemandes (convoitées par des firmes américaines).

L'I. G. Farben, (grande productrice d'essence synthétique pour un Reich autarcique avant la guerre) groupe une armée de chimistes de réputation mondiale. Or, les installations de ce trust n'ont pas été bombardées par l'aviation alliée parce qu'aujourd'hui l'I. G. Farben est entièrement sous le contrôle de la *National Chase Bank* donc des affaires Rockefeller, donc de la *Standard Oil of New Jersey C°*. C'est pourquoi des Français ont vu dans la C. E. D. le danger d'une force internationale qui reprendrait à son compte le dessein d'un Deterding, la *Standard* étant maintenant à pied d'œuvre pour traiter les deux mille dérivés du naphte soviétique, roumain ou autrichien.

Voici ce qu'en pense l'écrivain Erwin F. Neuberg *(Der Weg)* :

---

[10] *Hauzeilschrift*, reproduit par *Le Crapouillot* de juillet 1939

[11] *Cité* par *Combat* du 11 juillet 1945

« ... Son étoile *(à Adenauer)* brilla d'un nouvel éclat lorsque le parti républicain (appuyé par Rockefeller) fit son entrée au congrès avec la présidence d'Eisenhower. Puisque le chancelier fédéral Adenauer est l'homme le plus sûr pour la sauvegarde des affaires allemandes, seuls pouvaient mettre en doute sa victoire électorale ceux qui n'ont pas encore conscience des coulisses secrètes et de la synchronisation qui existe entre les autorités américaines d'occupation et les puissances de Wall Street. Le rival le plus dangereux d'Adenauer, Reinhold Maier derrière son ami Oppenheimer des banques Kuhn, Loeb et C°) est pour le moment écarté. Combien, parmi les 12 millions d'électeurs qui se déclarèrent, le 6 septembre 1953, en faveur de l'I. G. Farben de Rockfeller, de l'Esso de Rockfeller et de la politique européenne de Strasbourg pouvaient avoir une notion exacte de ces faits ?»

Nous connaissons des Allemands au courant de la question Hitler-Deterding, qui ne veulent pas plus devenir les boucs émissaires des pétroliers américains que redevenir ceux des pétroliers anglais. Ils connaissent les destructions que leur a valu la première aventure. Pour s'évader de l'emprise des businessmen, ils n'ont qu'une solution, celle évoquée au début de ce chapitre si l'on les contraint à un renoncement qu'ils ne souhaitent pas. Le vote des Sarrois, lors du referendum d'octobre 1955, est la première preuve tangible que les spéculateurs d'illusions internationaux font fausse route. Comme Hitler en 1933, le Reich entend rester allemand avant tout pour être maître de son destin.

Problème effroyablement dramatique à la porte de la France sous la complète dépendance économique des pétroles anglo-américains tandis que, pour se débarrasser des « colonisateurs » (comme disent les Allemands en parlant des Américains) le Reich n'a plus d'espoir réaliste qu'en l'U.R.S.S. *seul pays d'Europe producteur important du pétrole nécessaire à une nation en marche.*

V

La singulière aventure italo-éthiopienne

L'Italie conquiert l'Éthiopie

La presse mondiale se déchaîne : Sanctions ? Non-sanctions ?

Les gouvernements, suivant leurs tendances, élèvent des protestations. La Société des Nations ne fait pas jouer sa clause de sécurité collective, elle laisse manœuvrer dans la coulisse, il n'y aura que des sanctions économiques... qui n'empêcheront pas Mussolini d'envahir le royaume du Négus. À partir de ce moment la cause est entendue ; puisque la S.D.N. recule devant son but, elle est inutile, elle a fait faillite.

Nous décortiquons cette affaire italo-éthiopienne parce qu'elle ne fut jamais exposée dans son détail au public et, surtout, pour montrer que la puissance politique des trusts est supérieure à la puissance diplomatique même coordonnée des pays de bonne volonté. D'où la nocivité de ces institutions internationales dont l'influence est essentiellement théorique. La S.D.N. était un instrument à l'usage britannique, l'O.N.U. est un épouvantail exclusivement américain. On refuse la compétence de l'O.N.U. pour l'affaire guatémaltèque « purement américaine », mais on se saisit de l'affaire d'Algérie logiquement « purement française » ... Ainsi va la moralité internationale.

Déjà en 1933, lorsque la Bolivie et le Paraguay se déclarèrent la guerre avec le cérémonial officiel, la S.D.N. avait émis de sages conseils, mais n'avait pas accompli un acte. Et les Indiens s'entre-tuèrent, parce que le pétrole et l'étain du Chaco intéressaient les financiers américains maîtres de la Bolivie au même degré que les financiers britanniques maîtres du Paraguay. Ces deux molosses étant en présence par le truchement de la peau des tiers, que pouvait bien faire la S.D.N. dirigée par des satellites de l'une ou l'autre politique ? À très peu de chose près, sur un plan plus vaste et dans notre horizon, la même manœuvre va se dérouler pour l'affaire italo-éthiopienne avec une petite variante : il y a trois larrons au lieu de deux.

L'Italie, qui poursuit des buts impériaux depuis l'avènement du fascisme, songe depuis longtemps à prendre sa revanche de la honteuse défaite infligée par Menelik II à l'armée royale italienne. Le peu de débouchés métropolitains et la nécessaire émigration du trop-plein démographique italien incitent à la conquête de terres exotiques directement rattachées à la mère-patrie. Amour-propre joint à un espace vital nourrisseur constituent un prétexte suffisant d'invasion.

Mussolini prépare l'affaire de longue haleine. Pour transporter des troupes, il a des navires... qui doivent passer par le Canal de Suez aux mains des Britanniques. Si des complications survenaient de ce côté, ses bateaux auraient-ils assez de carburant pour rejoindre l'Afrique Orientale par la route du Cap ? Son pays est naturellement pauvre, il ne peut exporter beaucoup de devises pour acheter le mazout et l'essence. Alors, si l'Italie essayait de trouver autre chose ?

Juste en face d'elle, de l'autre côté de l'Adriatique, existe un petit pays, neuf de constitution, mais assez médiéval d'existence : c'est l'Albanie, qui possède des terrains pétrolifères inexploités. Fait assez ordinaire pour qui connaît le malthusianisme des trusts achetant des concessions pour les stériliser afin de ne pas éparpiller leurs efforts ; une société étrangère a des concessions albanaises dont elle ne tire aucun profit. Sans bruit, des prospecteurs italiens parcourent le petit royaume et, tout à coup, on apprend la création de *l'Azienda Italiana Petrolia d'Albania,* société italienne gérée par le ministère italien des chemins de fer, qui a pour but d'exploiter le pétrole d'Albanie au seul profit de l'économie intérieure italienne.[12]

Les pétroles albanais, qui sont peu importants au point de vue de la répartition mondiale des pétroles, peuvent suffire, poussés à leur maximum d'exploitation, à assurer le ravitaillement de l'armée italienne en attendant qu'une intensification des prospections puisse couvrir les besoins annuels généraux de l'Italie évalués à deux millions de tonnes. À cette époque, nous n'en sommes qu'à une production d'environ 100 à 150.000 tonnes, mais les Italiens voient grand et déploient un effort considérable en Albanie. Le conseil des ministres d'Italie vote 70 millions de lires pour la construction d'une immense raffinerie de pétrole en Italie. Et lorsque le premier bateau-citerne *Maya* amène dans la péninsule 4.152 tonnes d'huile lourde albanaise, le petit événement prend l'allure d'un fait d'armes national.

Le gouvernement albanais a concédé à l'Italie le district de Devoli ; il s'agit d'un domaine de sept cents hectares qui, selon les évaluations, peut donner une

---

[12] D'après une information publiée le 18-8-48, Moscou aurait demandé à la Yougoslavie la cession des actions « industrielles » qu'elle possédait en Albanie. Le refus de Tito aurait été à l'origine du refroidissement passager Moscou-Belgrade.

production de cinq à dix millions de tonnes de pétrole.[13] En peu de temps, cent cinquante puits sont creusés et les premiers débits donnent une moyenne journalière de deux cent cinquante tonnes ; un pipe-line, long de soixante-treize kilomètres, conduit le pétrole du principal chantier, Kucova, à Valona, port d'embarquement du carburant. L'État albanais, outre les redevances du concessionnaire l'*Azienda Italiana Petrolia d'Albania* (l'A. I. P. A.) perçoit 13,5 % du pétrole extrait, ce qui n'est pas une mauvaise opération pour le roi Zoghou.

Encouragée par ces premiers résultats, l'A. I. P. A. décide d'intensifier la production ; elle passe commande de pompes canadiennes à l'industrie autrichienne dont les usines Tronzi reçoivent des ordres importants pour l'équipement industriel des nouveaux puits. Bientôt la station de pompes qui assure le fonctionnement du pipe-line peut refouler mille tonnes par jour sur Valona. On compte, en 1934, que dans dix ans l'Italie, *avec sa société indépendante de tout trust,* pourra, non seulement se suffire, mais peut-être se livrer à un commerce d'exportation, car des espérances pétrolières se sont révélées en Italie même. *Un des premiers, le Duce tente de secouer le joug des pétroliers internationaux, car l'épreuve du pouvoir lui montre qu'un pays n'est jamais complètement libre lorsqu'il dépend d'autres pays pour une matière première indispensable* à l'économie nationale et à l'armée. Les pétroliers anglais et américains froncent les sourcils ; l'Albanie et l'Italie ne sont pas des pays de brousse et de désert... Aussi, suivant la vieille méthode, déjà employée contre l'U.R.S.S., des presses «influencées» dans la plupart des pays du monde commencent-elles à attaquer le fascisme qui offre une cible facile au point

---

[13] Malthusianisme ou erreur d'évaluation ? En 1953, l'Albanie ne s'inscrit que pour 200.000 tonnes dans les producteurs mondiaux de pétrole.

de vue idéologique, alors qu'en réalité le communisme et le fascisme sont frères jumeaux,[14] l'un étant un peu plus brutal que l'autre !

Cette activité fébrile de l'Italie, dirigée vers l'industrie pétrolière, prépare et accompagne la campagne d'Éthiopie.

Après le silence, l'inertie et la... complicité qui entourèrent la guerre gréco-turque de 1922, la guerre de Syrie de 1925, la guerre franco-riffaine de 1926, la guerre du Grand Chaco de 1933, le monde entier se passionne pour le conflit italo-éthiopien *qui pouvait être empêché irrémédiablement en interdisant le canal de Suez aux transports italiens*. Répétons que le canal de Suez était en Égypte sous contrôle militaire britannique.

Que se passe-t-il ? Inutile de chercher bien loin ; une fois de plus, les intérêts des trusts pétroliers anglais et

---

[14] Mussolini n'était pas résolument anticommuniste, il accepta en 1937-38, de construire des contre-torpilleurs pour le compte de l'U. R. S. S. dans les chantiers navals de la Spézia. Il n'était antisoviétique que dans la mesure où l'idéologie de ce régime était exportée pour diviser intérieurement les autres pays et le sien en particulier. Dans un ouvrage peu connu, paru avant la guerre, M. Louis Marlio, Membre de l'Institut, signala *(Le sort du capitalisme)* cette sorte de marxisme larvé — socialisation progressive vers la communauté nationale — de Mussolini en faisant remarquer que le gouvernement fasciste avait prélevé 15 % sur les rentes, 10 % sur la fortune mobilière et immobilière et taxé d'un prélèvement de 10 % les revenus mobiliers. À *l'époque, aucun État démocratique n'avait osé de pareilles ponctions.* Et M. Marlio nota : « *Les grosses fortunes ont disparu, les moyennes sont en voie de les suivre.* Seuls, *les artisans, les fonctionnaires et les agriculteurs-propriétaires ont une vie possible. Les grands patrons ne sont plus que des fonctionnaires, leur part de profil ne dépasse pas, probablement, la prime que reçoivent les directeurs des usines en* U. R. S. S. »
Les tenants des immenses fortunes italiennes (en particulier les grands commerçants de Venise et de Gênes) n'hésitèrent pas à alimenter, *de l'extérieur,* la lutte contre Mussolini. D'une part, par leurs relations d'affaires dans les milieux politiques étrangers, d'autre part en utilisant des agents doubles dans les masses pour les exciter contre le fascisme. Bien qu'il ne s'agisse pas de pétrole, il est intéressant de constater que les capitalismes internationaux menacés emploient les mêmes campagnes de déformation de l'opinion publique, qu'il s'agisse de Moscou et de Rome comme on l'a vu, ou de Madrid, Buenos-Ayres comme nous le verrons.

américains sont aux prises. Placée entre deux feux, comment voulait-on que la S.D.N. s'en sortît, puisque l'absence (présence visible) des U.S.A. contrebalançait souvent et dangereusement, l'influence britannique à l'Assemblée de Genève ? Or, disent les États-unis, nous ne faisons pas partie de la

S.D.N., pourquoi refuserions-nous de vendre du carburant à l'Italie ? Et le trust britannique pense que s'il laisse le pétrole américain aider Mussolini, le marché italien sera perdu pour le pétrole anglais.

La subtilité et le machiavélisme de la diplomatie italienne réussissent un tour de force extraordinaire, celui de faire croire *à la fois,* aux deux trusts concurrents avalisés par leurs gouvernements qu'une fois la conquête terminée, l'Italie ne sera pas rebelle à un arrangement amiable pour l'exploitation des concessions éthiopiennes. Grâce à ce double jeu, Mussolini peut conquérir l'empire du Négus, abuser les Anglais et les Américains pour, finalement, ne tenir aucune promesse. Cette trop grande astuce devait lui coûter *cher,* plus tard, lorsque les concurrents, coalisés momentanément pour les grandes épreuves comme cela arriva un certain nombre de fois dans les guerres du pétrole, pénétrèrent en Italie en 1944.

Après le pétrole albanais, Mussolini veut le pétrole éthiopien déjà convoité par d'autres. Alors le drame commence.

L'Éthiopie est un pays riche par son agriculture et Djibouti, port de la Côte française des Somalis, tire toute sa richesse du trafic de transit entre le royaume du Négus et l'extérieur. Au point de vue minier, nous ne savons pas grand-chose de ce pays, et cela pour plusieurs raisons. D'abord, l'insécurité y règne de façon quasi permanente. L'empereur est à peu près le maître dans un rayon de deux cents kilomètres autour de sa capitale, mais les ras sont plus puissants que le souverain en des régions éloignées. Ensuite, la versatilité du Négus, due à une maladive méfiance, que nous ne dirons pas injustifiée, a provoqué ce manque de cohésion intérieure, car, lorsque les agents secrets étrangers ne pouvaient s'immiscer à la cour d'Addis-Abeba, ils manœuvraient des roitelets régionaux, ce qui n'affermissait pas le pouvoir central.

Jadis, l'influence de la France était prépondérante en Éthiopie ; nos ingénieurs avaient réussi le miracle technique pour l'époque de construire le chemin de fer franco-éthiopien de la mer à la capitale abyssine, malgré des difficultés naturelles sans nombre. Les missions françaises maintenaient une influence spirituelle honnête, sans desseins obscurs. Bref, un peu comme partout, nous remplissions en Éthiopie le rôle de « père noble et désintéressé », refusant de nous ingérer dans les affaires de politique intérieure. Haïlé Sélassié, qui n'est pas le souverain « divin » de l'Éthiopie, mais qui était considéré comme un usurpateur par ses adversaires puisque le véritable souverain de sang et d'ascendance royale est Lidj Yassou qu'il détenait en prison avant la perte de son trône, se détacha petit à petit des Français au point de les brimer, de les incarcérer et même de les chasser comme ce fut le cas de l'évêque français. Pourquoi ?

L'influence des agents de l'Intelligence Service grandissait chaque jour à Addis-Abeba ; on offrit au roi des rois de construire une nouvelle voie ferrée aboutissant à Zeïla, en Somaliland britannique, où on lui concéderait un port franc, lui évitant ainsi les droits de transit prélevés dans le port français de Djibouti. Puis il y eut des intrigues allemandes ; une jolie femme, en particulier,

obtint pas mal d'égards pour elle… et pour son pays.[15]
Enfin le service secret italien essayait de se placer aux
bonnes portes d'écoute. Comme il s'agissait avant tout
d'éliminer l'influence blanche alors prépondérante, notre
désintéressement classique de la chose coloniale ne nous
permit pas de réagir. Et, de ce pays qui nous devait
presque tout, nous partîmes les poches vides, laissant aux
autres le soin d'intriguer pour obtenir les concessions
minières et pétrolifères.

Lorsqu'on a parlé de l'éventualité d'un conflit entre
l'Italie et l'Éthiopie, on a essayé de diriger l'opinion
publique sur un différend survenu à propos de l'utilisation
des eaux du lac Tsana pour l'irrigation de nouveaux champs
de coton… En fait cette question est très secondaire ; les
Anglais le savent bien et si la conquête italienne, décidée
après l'échec des négociations de l'Italie en vue de collaborer
étroitement et pacifiquement avec le Négus, souleva tant
d'émoi, c'est uniquement parce qu'il y eut compétition
internationale autour des gisements miniers, inexploités
beaucoup par la faute du Négus. Un journal note en 1935 :

*« …Le Négus est un homme d'affaires redoutable qui a
toujours admirablement su tirer parti des rivalités internationales…
Sa pratique la plus courante consiste à accorder la même concession
à des compagnies différentes. Si elles n'arrivent pas à se mettre
d'accord, il annule la concession au nom de la tranquillité
publique et l'octroie à un troisième larron, en exigeant de lui,
naturellement, un nouveau versement. On cite le cas de concessions
qui étaient disputées par quatre ou cinq acquéreurs, tous également
propriétaires, tous ayant versé au Négus d'importantes
commissions. »*

---

[15] Les Allemands avaient envoyé à Addis-Abeba un *Fokker* de démonstration avec
du personnel technique. En 1935, jouant contre l'Italie, Hitler fit offrir au Négus une
immigration de 3 millions d'Allemands en Éthiopie avec un matériel complet
d'installation.

Cette explication reflète très exactement la situation minière de ce pays telle qu'elle nous fut décrite par des Français de toutes opinions, revenus d'Éthiopie, après avoir essayé de créer des entreprises viables, mais découragés par la mauvaise foi, les obstacles, les chinoiseries et, parfois, par l'insécurité provoquée.

Où en était l'Éthiopie au point de vue des gisements miniers avant le conflit avec l'Italie ?

L'Éthiopie possède du pétrole, de l'or, du platine, du charbon, du fer, du cuivre et du plomb. C'est ce qui ressort d'un document germano-italien que nous publions par la suite. Ce n'était pas une révélation pour certains Français, en particulier pour les frères Bayard, de Roubaix. Les frères Bayard payèrent un million de francs-or au Négus, à la signature d'un contrat leur donnant le droit d'exploitation de toutes les richesses du sous-sol éthiopien ; en plus de cette somme ils étaient astreints à des redevances annuelles qu'ils payèrent, jusqu'en 1924, et qui s'élevèrent à cinq millions.

« ...Jamais ils ne purent exploiter, car, chaque fois, leurs entreprises étaient mises au pillage et leurs collaborateurs tués. »

Puis il y eut la « Société Minière des Concessions Prasso s en Abyssinie, qui connut pas mal de vicissitudes tant intérieures qu'extérieures en 1933, et qui fut assez sagace pour transférer une partie de ses entreprises sous la juridiction anglaise en créant, en juin 1935, *l'Ethiopia Estales Cy,* ayant pour but l'acquisition et l'exploitation de terrains et propriétés minières en Éthiopie. Mais, étant : donné les conditions très particulières d'exploitation, ces entreprises ne donnaient que lieu de résultats : 196.603 grammes de platine en 1933 contre 244.947 grammes en 1932, soit 3 % de la production mondiale. Quant aux extractions d'or et, de potasse, on n'a jamais pu en connaître exactement le tonnage.

Ces exploitations, quoique primitives, sont quand même l'indice que le sous-sol éthiopien vaut quelque chose. On sait qu'il y a du pétrole (nous avons lu, à l'époque, des rapports de prospecteurs), mais chaque fois qu'on en parle, un silence pesant étouffe la question, comme il arrive d'ailleurs dès qu'il s'agit des pétroles africains et nord-africains. L'Afrique paraît être un champ de réserves de pétrole auquel, d'un accord qui semble tacite, pétroliers anglais et américains ne veulent toucher tant que l'Asie mineure suffira à couvrir les besoins eurafricains. Jusqu'au début de 1935, on ne signale pas qu'un des grands trusts pétroliers ait porté une attention particulière aux pétroles abyssins.

Au début de 1935, Rome accumule les prétextes — que, souvent, il fait naître — exciter le peuple italien. Les services secrets de Mussolini et la presse transalpine se torturent les méninges pour tenter de justifier l'agression qui se prépare contre le dernier royaume libre d'Afrique. Le Duce a besoin d'une politique de grandeur impériale qui corresponde à la psychologie de ses compatriotes ; de plus, comme ses finances sont assez mal en point, la riche Éthiopie peut lui fournir des revenus. Enfin, mis en appétit par le pétrole albanais, il pense pouvoir devenir une puissance pétrolière grâce au sous-sol de l'Éthiopie. Les perspectives de cette conquête lui apparaissent sous les meilleurs auspices...

En août 1935, éclate une bombe qui bouleverse toutes les chancelleries ; le financier britannique Francis William Rickett vient, d'obtenir du Négus la concession des pétroles d'Éthiopie. Il y a un moment de stupeur et bon nombre de journaux bafouillent dans la hâte de vouloir donner des explications. « *Le trust pétrolier britannique devance les italiens* », écrit l'un d'eux. Or, le financier Rickett, bien que sujet britannique, bien que fournisseur d'armes à Abd-el-Krim contre la France assure-t-on — en échange de concessions minières dans le Rift — ne sert pas son pays, mais bien le trust concurrent, c'est-à-dire le groupe américain *Standard Oil* de Rockefeller. Cet homme secondaire des pétroles, qui travailla » longtemps en Asie Mineure et est châtelain dans le Yorkshire, venait de gagner ses galons de grand pétrolier par la hardiesse de sa manœuvre. Voici la déclaration qu'il fit à un représentant de l'agence Reuter à Djibouti, sitôt l'accord signé ;

« L'accord a été signé le 30 août, par le gouvernement éthiopien et moi-même en ma qualité de représentant de *l'African Exploration and Development Corporation.*

« Cette compagnie est, cent pour cent américaine. Elle a obtenu les droits exclusifs, pour tout le pétrole et ressources minérales qui se trouvent dans la région déterminée et ceci pour soixante-quinze ans.

La compagnie a également le droit de construire des routes, des pipe-lines et des chemins de fer et d'installer ses propres télégraphes, téléphones et stations radiotélégraphiques.

La région couverte par la concession est tout le territoire à l'est d'une ligne droite qui part de l'intersection de la frontière sud de l'Éthiopie avec les rivages du lac Rodolphe, qui passe ensuite par le point où le chemin de fer actuel Djibouti-Addis-Abeba croise la rivière Hawash, puis se dirige vers le nord de ce point à la frontière nord de l'Éthiopie.

C'est la première fois qu'un empereur éthiopien donne son approbation à un document commercial rédigé à la fois en amharique et en anglais et pour lequel la seconde version fait foi en cas de différend. »

À la lecture dune telle déclaration, Londres est consternée. Rome est inquiète. Ainsi, pendant que certains européens se déployaient en " cour d'influence " auprès du Négus, des Américains — les ponts et chaussées éthiopiens étaient dirigés par des ingénieurs américains — reconnaissaient le pays, le délimitaient et apportaient un plan tout préparé à F. W. Rickett.

L'Intelligence Service encaisse mal la déconvenue et apprend les détails de l'opération, trop tard pour déjouer la manœuvre.

L'affaire des pétroles éthiopiens était préparée depuis longtemps par F. W. Rickett. Pour des raisons obscures (promesses faites aux Anglais pouvant ressembler à une option), Rickett ne proposa pas son plan au trust britannique, mais alla trouver

M. Teagle, grand maître de la *Standard Oil* américaine. Les deux hommes se mirent d'accord et une société fut immédiatement constituée dans le Delaware au capital de 500.000 dollars.

Rickett chercha de quelle façon aborder le Négus qu'il ne connaissait pas. Rusé, il acheta chez Napier un avion sanitaire et se rendit au Caire où il fit organiser chez les Coptes une collecte en faveur de l'Éthiopie. La somme qu'il récolta fut insignifiante, mais elle lui fournit le prétexte de se rendre à Addis-Abeba présenter lui-même le cadeau au Négus. Le 24 août 1935, Haïlé Sélassié acceptait l'avion sanitaire et remerciait personnellement le généreux Rickett. Le 30 août, l'accord pétrolier était signé, dans la poche de Rickett, bien que le jour de son départ de Londres il ait téléphoné à sa femme : « *Adieu, je ne crois pas que vous me reverrez vivant.* » Le bruit de son assassinat courut en Angleterre, alors qu'il négociait avec le Négus ; mais il revint rose et souriant.

On ne sait pas quelle garantie fut donnée au Négus, mais, pour mener si rapidement une telle transaction, il faut admettre que le roi des rois n'avait aucune illusion sur l'issue d'une guerre que chacun jugeait inéluctable.

Les Américains, un peu surpris du bruit que mène la presse britannique autour du traité Rickett, tentent de démentir. Un câble Reuter du 31 août, daté de Los Angeles, déclare : « *M. John Brown, président de la Sacony Vacuum » déclare qu'il ne sait absolument rien au sujet de la concession accordée à un groupe anglo-américain en Éthiopie. M. Brown ignore totalement l'African Exploration and Development ». Celle entreprise n'est pas affiliée à la «Standard Oil» pour le compte de laquelle la « Sacony Vacuum » effectue de nombreuses opérations à l'étranger. »*

Ce télégramme ne paraissant pas convaincre les milieux autorisés, un deuxième venant de New-York, toujours par Reuter, précise : « *Farish, président de la Standard Oil of New Jersey », a nié aujourd'hui l'existence du moindre lien entre sa compagnie et « l'African Exploration and Development. »*

Mais le 3 septembre 1935, la veille de la réunion du Conseil de la S.D.N., les perturbations sont telles dans les milieux diplomatiques internationaux qu'une dépêche de la *United Press* annonce : « *M. George Walden, chairman de la «Standard Oil of New Jersey» a reconnu que « l'African Exploration and Development » était l'entière propriété d'une filiale de la « Standard and Vacuum »laquelle appartient à la « Standard of New Jersey » et à la « Sacony ».*

...*La Standard Oil of New Jersey,* c'est-à-dire le groupe américain Rockefeller... À quoi servent les démentis ?

Rickett est mal vu à Londres. Lorsqu'il revient, la *Columbia Broadcasting Corporation* passe un contrat avec lui pour une causerie destinée aux auditeurs américains. Le Foreign Office interdit cette radiodiffusion.

La Grande-Bretagne estime que la manœuvre Rickett peut gravement peser dans la balance des relations internationales. M. Montagu Norman, gouverneur de la Banque d'Angleterre, est délégué auprès de M. Thomas Lamont, associé de la

« Banque Morgan », qui villégiature à bord de son yacht, à Bar 'Harbour, dans l'État du Maine. *La firme Morgan est alors la banque de la « Standard Oil of New Jersey »*. Nous ne connaissons pas les termes de cette conférence, mais lorsque M. Montagu Norman quitte le yacht, M. Thomas Lamont fait lever l'ancre. On apprend, peu après, que sous la pression de M. Cordel Hull, secrétaire de l'Intérieur des États-Unis, la concession Rickett est « annulée ».

Bien entendu cette « annulation » est destinée à l'opinion publique qu'il faut calmer. D'abord parce qu'aucun gouvernement n'a le pouvoir légal d'annuler un traité de commerce d'ordre privé ; ensuite, il est peu vraisemblable que le groupe financier américain abandonne, pour une simple raison de politique générale, plusieurs années de travaux et... la forte somme versée au Négus. D'ailleurs, un proche avenir devait confirmer nos doutes. On ne relève que des mensonges de tous côtés.

Le 17 novembre 1935, quand le calme est revenu, un journal financier publie :

« Selon des bruits qui courent à Wall Street, la « Standard of New Jersey » qui avait paru se « dégonfler » pour ne pas créer d'ennuis aux gouvernements américain et anglais, au moment où

l'Italie n'avait pas encore engagé les hostilités, serait sur le point d'affirmer à nouveau ses droits en Éthiopie ».

Et le même journal annonce le 12 janvier 1936 : « *M. Rickett qui s'était rendu à Rome le 5 décembre dernier et y avait conféré avec MM. Lessona et Alfiéri, sous-secrétaires aux colonies et à la propagande, vient d'y retourner cette semaine. Il a eu des entrevues à l'Hôtel Ambassador avec divers hauts fonctionnaires italiens ainsi qu'avec plusieurs dirigeants du groupe « Standard Oil ».*

On voit donc ce que vaut l'annulation « publicitaire » de M. Hull en septembre 1935. D'ailleurs, si cette annulation avait été efficace, le Négus n'aurait pas été longtemps sans replacer ses concessions pétrolifères à un autre groupement concurrent de la *Standard*.

Le 24 septembre 1935 — après la déclaration de M. Hull — les *Annales Coloniales* publiaient l'entrefilet suivant : « M. Cherlok, le financier américain, a eu une nouvelle entrevue avec le docteur Martin, ministre d'Éthiopie à Londres... Les discussions portent principalement sur le montant de l'emprunt que, selon l'échange de lettres entre M. Cherlok et le docteur Martin, le financier américain s'était engagé à lever pour le gouvernement d'Addis-Abeba. On sait que M. Cherlok avait promis d'avancer au gouvernement abyssin un million de dollars en échange des concessions pour l'exploitation des richesses du sous-sol éthiopien. »

La cause est désormais entendue, que les trusts concurrents le veuillent ou non, la *Standard Oil of New Jersey* demeure propriétaire des pétroles éthiopiens (sauf cas de concessions accordées antérieurement) surtout depuis la défaite des Italiens de 1945 qui a ramené le Négus à Addis-Abeba.

Nous avons épuisé tout de suite l'affaire Rickett pour éviter d'y revenir.

Comment se présentait la situation internationale à la veille de la guerre italo-éthiopienne ?

La Grande-Bretagne est mécontente deux fois ; d'abord de l'Italie qui va lui ravir un domaine colonial où elle règne d'une façon occulte ; ensuite du Négus qui a vendu les concessions pétrolifères aux Américains. Elle s'inquiète de Rome qui paraît vouloir constituer un empire colonial important en Afrique orientale, avec l'Éthiopie jointe à l'Érythrée, à la Somalie italienne et aux abandons territoriaux concédés par le gouvernement Laval (accords de 1935) tant dans le sud-tunisien qu'à Djibouti. Enfin, l'Italie a le pétrole albanais. Mais si le Négus reste maître de l'Éthiopie, Londres — qui ne se fait aucune illusion sur l'annulation de M. Hull — pense que les pétroliers américains viendront s'installer en Éthiopie, face à l'Asie Mineure pétrolière et à côté des terres à coton du Soudan anglo-égyptien et tout près de la tenaille de sortie de la route des Indes en Mer Rouge, c'est-à-dire à proximité du Détroit de Bab et Mandeb. Grande perplexité au Foreign Office et pourtant la S.D.N. va devoir prendre une décision.

Les U.S.A. ne font pas partie de l'Assemblée de Genève ; ils se moquent des questions de principe.

En France l'opinion est divisée et, à part une minorité, elle ne tient pas spécialement à se lancer dans une nouvelle guerre. Il faut être franc et reconnaître que peu de Français tiennent à mourir pour le Négus qui, quelques années auparavant, a évincé leurs compatriotes de son pays. Puis, on ne s'est pas battu pour le Gran Chaco il y a deux ans, et nous avons été obligés d'entreprendre une véritable guerre avec Soltan Atrache en Syrie et Abd-el-Krim au Maroc, tous deux armés par les Anglais, il y a moins de dix ans ! Bref, les arguments ne manquent pas pour faire échec à la sécurité collective. Le gouvernement français d'alors, favorable à un' rapprochement avec l'Italie pour essayer de constituer un bloc latin, penche pour la non-intervention et le secrétaire d'un ministre traduit l'impression de son patron en ces termes : « Après tout, qu'irions-nous faire dans cette bagarre de pétroliers où nous n'avons rien à gagner alors que tous vont se battre pour des questions matérielles ? »

En effet, Mussolini, qui craint, sans trop les redouter, des sanctions totales contre l'Italie, joue une grande partie diplomatique. *Il sait que la France épousera l'attitude britannique*, il s'agit donc, pour lui, d'apaiser le courroux de l'Angleterre tout en gardant la sympathie des États-Unis fournisseurs de carburant. Tant qu'il n'est pas maître de l'Éthiopie, il ne peut rien brusquer, Les diplomates romains font un astucieux travail. Ils murmurent dans les oreilles britanniques que, tout compte fait, l'Italie rendrait un grand service à Londres en conquérant l'Éthiopie et en chassant le Négus ; ainsi l'accord pétrolier de Rickett ne serait pas reconnu par le gouvernement italien, le trust américain serait évincé pour toujours et, après, il y aurait moyen de s'arranger pour l'exploitation du sous-sol abyssin... Les Anglais, gens pratiques, paraissent, vivement intéressés par cette suggestion et, tout en conservant leur extérieur hostile pour l'opinion publique, ils deviennent plus malléables dans la coulisse.

Si les pays faisant partie de la S.D.N. appliquaient des sanctions totales qui pourraient priver l'Italie du carburant indispensable à sa guerre, seuls les États-Unis, non adhérents à l'assemblée de Genève, pourraient lui fournir du pétrole. Cet aspect du pétrole est donc particulièrement, important pour Rome, *car la presque totalité de ses fournisseurs d'essence font partie de la S.D.N. !* Voici ces pays avec la proportion que chacun d'eux représente des importations totales italiennes : Vénézuéla 1,7 %, Colombie

3,5 %, France 4 %, États-Unis 10,3 %, Indes hollandaises 10,5 %, Iran 12, 1 %. U.R.S.S. 22,1 %, Roumanie 34,6 %. Tous ces pays sont satellites des trusts américain et anglais, sauf l'U.R.S.S.

Que disent les diplomates italiens aux pétroliers américains ? Ils leur assurent que la conquête de l'Éthiopie les débarrassera du Négus qui a déjà vendu plusieurs fois les concessions pétrolifères : une fois maîtres du royaume du roi des rois, ils respecteront la concession accordée au groupe américain par l'intermédiaire de Rickett qui élimine définitivement les pétroliers anglais.

On a vu plus haut les différentes visites de M. F. W. Rickett, à Rome, fin 1935, et début 1936. Les Américains ne voient, pas sans déplaisir l'éventualité de faire assurer la sécurité de leurs futurs puits par les Ascaris ou les soldats italiens.

Ainsi Anglais et Américains vont faire, en coulisse, le jeu de l'Italie, chacun croyant aider Rome à l'élimination de son vieux concurrent.

Voici comment fut préparé le ravitaillement de l'Italie en carburant par le truchement de l'Allemagne,[16] tandis que s'amorçaient de fructueuses affaires pour les pétroliers :

« Malgré les démentis plus ou moins officieux publiés tant en Allemagne qu'en Italie, il apparaît que le Gouvernement italien avait choisi l'Allemagne comme éventuel pays de transit pour ses importations de pétrole, au cas où les sanctions seraient étendues à ce produit.

---

[16] Document publié par *Commentaires* du 19 janvier 1936 (page 4).tandis que s'amorçaient de fructueuses affaires pour les pétroliers

« Le port franc de Hambourg lui avait paru convenir merveille à ce dessein, d'autant plus qu'il s'y trouve une importante raffinerie moderne pourvue de réservoirs nombreux.

« Il y a deux ans environ, M. William Rhodes Davies, Président de la *Foreign Oil Company*, société pétrolière américaine, conclut un accord avec la *First National Bank*, de Boston, en vertu duquel il obtint le prêt d'un important compte en reichsmarks qui se trouvait bloqué en Allemagne. Avec le produit de ce prêt, le pétrolier américain fit édifier à Hambourg des réservoirs et une raffinerie susceptible de produire 200.000 tonnes d'essence par an. Le pétrole était importé des États-Unis, traité au moyen du procédé « cracking » et vendu en Allemagne et dans divers autres pays.

« Une compagnie au capital de 500.000 marks, intitulée *Europdisches Tanklager und Transport,* fut constituée par M. Davies pour gérer l'affaire. Elle organisa un dépôt d'une capacité de 6.000 tonnes en Suède et constitua des filiales au Danemark, en Finlande et en Suisse.

« Pour obtenir le droit de vendre du pétrole sur le marché allemand, M. Davies acquit la *Naphta-Industrie und Tankanlager* (Nitag), compagnie berlinoise dont le contingent de ventes put être utilisé.

« Or, le 28 novembre 1935, il se constituait une compagnie intitulée *Crusaders Petroleum Industries* qui fut enregistrée en Angleterre au capital de 50.000 livres clans le dessein d'acquérir l'actif de l'Europâisches *Tanklager*. Le Conseil de cette compagnie ANGLAISE comporte, outre l'Américain Davies, MM. Gueritt van der Lyn, de Hambourg, Henry Wilson, banquier de New-York, et Franz Von Clemm, banquier de Berlin.

« Il s'ensuit qu'une compagnie britannique, possédant une des plus fortes raffineries d'Europe, se trouverait en mesure, *au cas où les exportations américaines de pétrole à destination de l'Italie seraient interdites* d'en expédier à Hambourg et de là jusqu'à la frontière italienne, à travers l'Allemagne.

« Si l'attention des milieux financiers anglais a été tout particulièrement attirée par cet aspect éventuel de l'activité de la *Crusaders Petroleum,* c'est précisément parce que son animateur américain, M. Davies, vient de faire de longs séjours à Rome. Jusqu'à présent, ses négociations avec les dirigeants italiens n'auraient pas encore abouti, faute de capitaux italiens. Mais si, comme le bruit en court de nouveau, le Vatican a consenti à échanger les crédits du denier de Saint-Pierre, bloqués en Allemagne et évalués à 350.000 livres sterling, contre la remise d'une somme équivalente en lires par le gouvernement italien, il est évident qu'une compagnie comme la *Crusaders Petroleum* serait en mesure de retirer de gros avantages d'un embargo sur le pétrole. »

Il est difficile de mieux trouver comme expression d'hypocrisie internationale. En somme, quand les sanctions économiques de la S.D.N. remplacèrent l'intervention, la diplomatie italienne avait paré à tout.

Que l'on ne dise plus, aujourd'hui, que la France est seule responsable de la non-intervention dans le conflit italo-éthiopien. La clé du problème se trouvait à Londres qui, à lui seul, en massant sa flotte de guerre en Méditerranée et en fermant le canal de Suez aux bateaux italiens pouvait et devait rendre l'avance italienne en Éthiopie impossible. Notons aussi le rôle du Vatican et du « denier de Saint-Pierre».

Mieux encore ! Dans les sanctions économiques décidées, les membres de la S.D.N. *gardaient le droit de vendre du pétrole à l'Italie* avec une petite restriction (ô combien profitable aux pétroliers) *à condition d'exiger le paiement comptant* et, étant entendu qu'ils ne fourniraient pas plus, en carburant, à l'Italie que la moyenne précédemment livrée à la péninsule pour ses besoins normaux. Par là, ils voulaient spécifier que le pétrole ne servirait pas aux buts guerriers de l'Italie. Quel enfantillage !

On a vu comment tout était prévu pour passer par l'Allemagne. Quant aux stocks italiens, ils se trouvaient depuis longtemps sur place, en Érythrée, en Somalie et en Libye. Et c'est ainsi que, malgré les « sanctions économiques », toute la conquête de l'Éthiopie se déroula rapidement grâce à la motorisation à outrance du corps expéditionnaire italien. Pendant ce temps, les vaisseaux italiens pleins à craquer empruntaient le canal de Suez qui se contenta d'encaisser d'énormes droits de passage payables au comptant et au prix fort. Extraordinaire aubaine de tous les côtés pour les dividendes des actionnaires des pays plus ou moins partisans de l'intervention.

La conquête de l'Éthiopie terminée, l'Italie se trouve en face d'une double promesse dont elle ne paraît plus se souvenir. Pour une fois, Américains et Anglais semblent joués car Rome se tourne vers Berlin, ce qui laisse prévoir le drame mondial qui se déroulera quelques années plus tard. Voici un document allemand extrait du *Berliner Tageblatt* (édition du soir) du 20 janvier 1937 :

« La création d'une société minière pour l'Afrique orientale italienne donne l'occasion au *Giornale d'Italia* d'indiquer l'importance et les possibilités d'avenir d'une collaboration allemande dans la mise en valeur de l'Éthiopie.

« Le directeur de la feuille semi-officielle remarque, tout d'abord que la société nouvellement fondée : *Societa Anonima Minerlia Africa Orientale Italia,* dont le siège est à

Milan avec un capital initial de 50 millions de lires qui pourra être porté à 200 millions grâce aux concours financiers assurés dès à présent, aura pour but l'exploitation méthodique des richesses du sous-sol abyssin.

« La caractéristique de la nouvelle société est, comme le dit Gayda, la collaboration amicale et précieuse de la finance et de la technique allemande, quoique la majorité du capital reste entre les mains italiennes. Ceci est une nouvelle forme du travail en collaboration internationale avec laquelle l'Italie peut être totalement d'accord car l'Italie détient la majorité à la condition d'assurer 25 % à l'industrie allemande. La nouvelle société germano-italienne a pour but l'exploitation des territoires de Wollega, de Harrar-Est, de Harrar-Ouest pour le charbon, le fer, le cuivre et le plomb. Les recherches commenceraient prochainement sous la conduite du géologue allemand connu, le Professeur Léo Von zur Muhlen, de Berlin.

« Pour éviter une concurrence inutile, ainsi termine Gayda, on a défini exactement la nature des licences d'exploitation, ainsi que les rayons d'activité ; par exemple, la société germano-italienne cherche, dans le territoire de Wollega, la magnenite, pendant que l'exploitation des métaux notables comme l'or et le platine est laissée à une autre société. »

Le 21 janvier 1937, le Professeur Von zur Muhlen donne au journal *Nacht Ausgabe,* de Berlin, une interview d'où il ressort que le groupe germano-italien ne peut prospecter ni pour le pétrole ni pour les métaux précieux, *la recherche de ces matières étant réservée aux sociétés purement italiennes.* Il annonce que les travaux de recherches pour lesquelles l'expédition allemande utilisera largement les méthodes modernes de prospection électrique et électromagnétique, dureront un an et que la mission du

Professeur Von zur Muhlen quittera l'Allemagne vers le 15 février.

Les pétroliers américains et britanniques sont dupés ; ils ont aidé l'Italie... et perdu leurs espérances. Voilà la raison profonde pour laquelle Rome ne pouvait plus se détacher de Berlin. Sept ans après, Mussolini et l'Italie devaient payer chèrement la duperie aux concessions minières de l'Éthiopie. Les pétroliers, même défaits momentanément, savent toujours attendre le moment opportun pour revenir sur des positions visées depuis longtemps. L'Italie paie sa soif de pétrole.

Le Négus est revenu sur son trône à Addis-Abeba et l'affaire des pétroles éthiopiens reprend. On se souvient des démentis « officiels » des États-Unis concernant les concessions Rickett. Depuis la fin du deuxième conflit mondial, les U.S.A. n'ont plus les mêmes raisons de ménager les susceptibilités britanniques et l'Italie est hors-jeu. Mais il aurait manqué de décence que ce fussent les animateurs de

F. W. Rickett qui revinssent sur un terrain encore bouleversé par deux guerres ; aussi est-ce le groupe américain Sinclair, dont on connaît, malgré le titre « d'indépendant du pétrole », les attaches avec la *Standard Oit* qui, en août-septembre 1945, s'occupe des pétroles éthiopiens. Un accord est signé à New-York par M. Ato Aklilu, sous-secrétaire d'État aux Affaires Étrangères d'Abyssinie dans lequel il est spécifié qu'en échange du droit de prospection et d'exploitation, outre les redevances d'usage, le groupe Sinclair s'engage, pendant dix ans, à prendre des étudiants éthiopiens, pour leur faire suivre leurs études aux U.S.A., et ensuite à construire des écoles, des églises, des hôpitaux et des laboratoires. Le Négus a compris que l'amitié stable d'un puissant du monde peut le préserver du retour d'une quelconque aventure italienne. Entre Washington et Londres, il n'a pas hésité et on le comprend un peu après la fameuse comédie des sanctions économiques de la S.D.N.

À l'annonce de ce nouvel accord américano-éthiopien, la presse anglaise montre sa mauvaise humeur. *News Review* déclare qu'il n'y a pas de pétrole en Éthiopie et présente l'opération comme un moyen d'augmenter les revendications américaines dans le Moyen-Orient (où il y a le pétrole d'Irak, de Mésopotamie et d'Arabie Séoudite). « *Les États-Unis,* précise la revue anglaise, *pourront faire valoir qu'ils ont maintenant des intérêts des deux côtés de la Mer Rouge.* »

Il y a du pétrole en Abyssinie, comme partout en Afrique, tenu en réserve par les pétroliers anglo-américains. Retenons simplement la venue des Américains au cœur de l'Afrique Orientale, fait intéressant en liaison avec leurs visées pétrolifères sur la Tunisie, et leur nouvelle position en Egypte, car le pétrole a des raisons que la raison ignore, mais qu'un peu de flair permet de discerner sans grande crainte d'erreur.

L'Albanie, devenue communiste, ne ravitaille plus l'Italie par l'Alzienda *Italiana Petroli d'Albania.* L'Italie a perdu son rêve d'indépendance en carburant et pourtant Mussolini avait vu juste. Les gisements de naphte de la vallée du Pô, seulement révélés au public en 1949, doivent devenir « le réservoir de l'Europe occidentale » ; ils sont sous contrôle américain. En Sicile, une sérieuse bagarre met aux prises pétroliers anglais et américains ; dans la région de Raguse, des permis de recherches d'hydrocarbures sur 73.500 hectares ont été donnés aux Américains en décembre 1954. Trois firmes à façade italienne obtiennent 55.000 ha pour leurs prospections.

L'ancienne colonie italienne de Libye est devenue un protectorat occulte britannique depuis 1950 (traité d'alliance à titre définitif en 1954) avec participation américaine. La situation est confuse en ancienne Érythrée italienne qui borde la côte africaine en mer Rouge, donc contrôle, en partie la route maritime du pétrole vers l'Europe. Les Américains ont réussi à faire octroyer une partie de l'Érythrée .du sud au Négus pour que l'Éthiopie puisse bénéficier d'un exutoire vers la mer... mais il faut construire 4.000 km de route que les U.S.A. ont encore promis. L'Érythrée, jadis occupée par les Italiens, l'est aujourd'hui par les Anglais, les Américains et les Éthiopiens à la fois. Quant à la Somalie italienne, obscurité complète, car son rôle est stratégique à l'entrée du Golfe d'Aden sur la route de Suez. Les Anglais en sont pratiquement les maîtres, en vertu de quel traité ?

Ainsi l'hypocrisie règne du début à la fin de cette aventure italienne vraiment singulière.

Un autre drame du pétrole en perspective, mais un drame qui peut menacer dangereusement les intérêts français en Côte des Somalis. Car lorsque le pétrole jaillira, il faudra l'exporter ; alors on saura exiger le débouché à la mer le plus direct, celui qui aboutit à l'excellent port français de Djibouti.

*

*　　*

En septembre 1955, à vingt kilomètres de Pescara, au village d'Allano, le pétrole jaillit pour la troisième fois, alors que la sonde avait à peine atteint 515 mètres. Cette nouvelle ne causa aucune joie en Italie, où existe une loi tréfoncière aussi stupide que celle de 1810 qui règne en France. La loi de 1927 est nette et sans ambiguïté : toutes les richesses minières du sous-sol italien appartiennent à l'État et personne autre que l'État lui-même n'a le droit de les exploiter. Comme l'exploitation des richesses minières de l'Italie exigerait des investissements assez importants et que le Trésor paraît peu disposé à les accorder, le pétrole italien laisse — en apparence — tout le monde indifférent.

Trois projets de lois sont déposés devant le Parlement pour tenter de donner au pays cette richesse énergétique qui lui manque pour l'industrialiser et créer des emplois. Le premier envisage l'exploitation pétrolière sous forme de participation de l'État italien pour 50 %. Le deuxième s'inspire des exploitations d'Arabie : sociétés privées avec 50 % de redevances du pétrole extrait au Trésor italien. Le troisième prévoit la vente des gisements à la société la plus offrante. Fait bizarre, le gouvernement italien, pauvre, ne paraît aucunement pressé de prendre une décision pour l'exploitation de ses pétroles. Serait-il tenu, comme la France, par un accord secret pour demeurer sous la tutelle du carburant étranger?[17]

Tant que Washington supervise l'Italie, avec son ambassade comptant plus de mille employés, la loi de 1927 éloigne les pétroliers britanniques. On espère une loi « passe-passe » qui permettrait l'attribution des gisements à des sociétés américaines. Mais les Anglais sont sur place et misent sur la lassitude que cause la présence américaine dans certains clans italiens, pour obtenir des alliés contre les visées des U.S.A. sur le pétrole italien admirablement placé au cœur de la Méditerranée, base de ravitaillement maritime.

Qu'importe la misère des régions où le naphte dort tranquillement en attendant qu'une « nouvelle législation »

---

[17] Le 12 novembre 1955, après cinq jours de lutte, l'incendie du puits de pétrole de Raguse fut enfin maîtrisé par le célèbre spécialiste américain Myron Kinley. L'Italie a donc incontestablement du pétrole.

permette de l'exploiter ! Régions où l'on s'éclaire encore à la bougie et à l'acétylène, d'où l'on s'expatrie par nécessité vitale. Plutôt que de risquer de mécontenter un des deux ogres, les maîtres de l'Italie préfèrent contempler leurs ruines sur un lit de richesses. Ils savent combien les histoires de pétrole d'Albanie et d'Éthiopie pesèrent lourdement dans le destin historique de leur pays !

VI

Les pétroliers
Anglo-américains et l'Espagne

En 1931-1932 se déroule à Paris un curieux procès. La Banque Bauer et Marchai attaque en dommages-intérêts le *Syndical russe des Naphtes*. Après expertise, le Tribunal du Commerce alloue à la Banque une provision de 40 millions. Le *Syndical russe des Naphtes* fait appel de ce jugement et la première Chambre de la Cour est saisie de cette affaire. Peu nous importe qui a raison ou qui a tort ; mais, à la faveur de ce procès, le rideau s'entrouvre sur une des causes de la tragédie espagnole. Reprenons les comptes rendus d'audience.

En 1924, l'U.R.S.S., troisième puissance mondiale du pétrole, cherche des débouchés pour augmenter ses exportations de carburant. Les délégués commerciaux soviétiques ont un certain courage, car il n'est pas facile de se glisser à travers les mailles du filet tendu par les trusts américain et anglais qui s'étend sur le monde entier. Ils entrent en relations avec la Banque Bauer et Marchal, de Paris, qui accepte d'aider les Soviets à écouler leur pétrole en Espagne par l'intermédiaire de sa succursale de Barcelone, la Banca Arnus. Le contrat qui lie le *Syndical russe des Naphtes* et la Banca Arnus *prévoit que le pétrole soviétique sera vendu 10 % moins cher que le pétrole américain* et que les bénéfices seront répartis comme suit : 25 % pour le *Syndical russe des Naphtes* et 75 % pour la Banca Arnus, donc pour la Banque Bauer et Marchai qui, ne voulant pas se charger de la partie matérielle de l'opération, rétrocède l'organisation commerciale à une de ses sociétés secondaires, les *Pétroles Porlopi*.

Tout marche à souhait jusqu'en 1928, c'est-à-dire jusqu'à l'époque où le Président du Directoire espagnol Primo de Rivera, surpris des bénéfices considérables réalisés par la vente du pétrole en Espagne, émet la prétention d'ériger un monopole d'Etat du carburant afin que les profits n'aillent plus grossir les dividendes des actionnaires ou des intermédiaires et tombent dans l'escarcelle de l'Etat. Il donne à la *Companhia Arrendentaria (C. A. M. P. S. A.)* l'exploitation du monopole. Le contrat liant le *Syndicat russe des Naphtes à* MM. Bauer et Marchai est donc résilié et la banque parisienne demande des dommages et intérêts.

Dans ce procès s'affrontent les maîtres du barreau parisien. Les intérêts en jeu se chiffrent par dizaines de millions et, devant la première chambre de la Cour, c'est en réalité toute l'affaire du monopole espagnol qui se discute puisque la *Campanhia Arrendentaria* est aussi représentée.

Sans vouloir entrer dans les détails de ce long et épineux débat, détachons les renseignements suivants :

D'après m^e Maurice Grimberg, le litige ne saurait intéresser l'U.R.S.S. puisque le *Syndical russe des Naphtes,* qui avait traité avec MM. Bauer et Marchai pour la Banca Arnus a été, depuis, absorbé par l'État russe. D'après lui, les 100 millions de dommages et intérêts doivent se réduire à 875.000 francs.

Me de Moro Giafferi réplique que le *Syndical russe des Naphtes* n'a été absorbé par l'État russe — en accord avec la *Campanhia Arrendentaria* — que pour éviter des poursuites de la Banque Bauer et Marchal. Il ajoute même, et ce détail a une très grosse importance, que les fournitures de pétrole russe qui étaient de 13 % de la consommation générale espagnole au temps de l'alliance du *Syndicat russe des Naphtes* avec MM. Bauer et Marchal, *ont passé à 40 % depuis l'institution du monopole de Primo de Rivera.* L'avocat soutient donc que le *Syndical russe des Naphtes,* absorbé par l'État soviétique, est sorti de ses cendres sous une autre forme.

Après la plaidoirie de Mᶜ Pierre Masse, un chroniqueur judiciaire écrit le 30 janvier 1932 :

« ...Il est évident que la Banca Arnus a fidèlement exécuté toutes les clauses du contrat qui la liait au *Syndical russe des Naphtes ; elle a obtenu l'abaissement des droits de douane qui frappaient les pétroles russes en Espagne* et a développé la vente ; le contrat avec les Russes pouvait continuer, même sous le régime du monopole espagnol.

« Les Soviets... voulaient, outre les pétroles, fournir d'autres marchandises en échange de produits espagnols. Mais le contrat avec la Banca Arnus les gênait... L'absorption du *Syndicat russe des Naphtes* par l'État soviétique fut décidée, et comme le contrat de 1924 interdisait à la Banca Arnus tout recours contre l'État russe, l'U.R.S.S. pensait s'être débarrassée définitivement de celle-ci. Mais la Banca Arnus démontre qu'un fonctionnaire de la Représentation Commerciale soviétique a contresigné le contrat ce qui détruit la thèse soutenue par les défenseurs des intérêts russes.

« On apprend également que des indemnités considérables ont été accordées par l'Espagne (rachat par le monopole des exploitations privées existantes) : le groupe Desmarais a reçu 45 millions et le groupe *Standard* 400 millions.»

Des conclusions de l'avocat général Caous, nous ne détacherons que quelques passages. Il admet la régularité et la validité du contrat liant la Banca Arnus au *Syndicat russe des Naphtes* parce que contresigné par le délégué de la représentation commerciale soviétique. « D'autre part, note le même chroniqueur judiciaire que précédemment, il est évident que l'U.R.S.S., quand les intentions du gouvernement de Primo de Rivera furent connues, a cherché à se dégager de la Banca Arnus pour s'aboucher avec la *Campanhia Arrendentaria* qui avait toutes les chances d'obtenir la forme du monopole des pétroles. C'est dans ce but, et en prévision des réclamations de la Banca Arnus, que l'U.R.S.S. se fit remettre une lettre dans laquelle l'Arrendentaria assumait les responsabilités pécuniaires des procès. »

Peu nous importe que la demande des dommages et intérêts de la Banca Arnus ait été réduite sensiblement ; par ce procès parisien nous avons simplement voulu poser d'une manière indiscutable l'ingérence pétrolière internationale dans les affaires intérieures espagnoles. Pour nous, il ne s'agit que de démontrer, une fois de plus, que l'idéologie ne résiste pas aux nécessités économiques et que des trusts n'hésitent pas à acculer un pays entier à des expédients ou à provoquer des bouleversements politiques, quand leurs intérêts directs sont en jeu.

Après quelques années dures et cahotées pour l'Espagne, Primo de Rivera prend la direction des affaires espagnoles. D'une manière parfois brutale il réussit à ramener un calme apparent et, en 1927, il se trouve à la tête d'une Espagne qui aspire à la convalescence. La peseta, comparativement au franc d'alors, oscille aux environs de cinq francs cinquante grâce à l'exportation des produits agricoles qui s'écoulent facilement dans les pays anglo-saxons. Le dictateur espagnol a compris que la richesse d'un pays est en proportion directe du volume de ses échanges internationaux. S'il s'en était tenu à cette conception économique libérale de l'école de Manchester, peut-être qu'Alphonse XIII serait resté sur le trône jusqu'à sa mort ! Mais Primo de Rivera s'occupe des pétroles et c'est le commencement de la fin de la monarchie espagnole qui se terminera sans grandeur en 1931.

Primo de Rivera hérite d'une situation financière assez mal en point. La guerre au Rift contre Abd-el-Krim, qui a duré presque six ans et qui ne s'est terminée que par l'intervention des troupes françaises, a coûté des milliards au trésor. Le laisser-aller intérieur a engendré une carence et une vénalité qui rongent les recettes publiques. L'Espagne essaie de remonter le courant en intensifiant son commerce extérieur, mais ses agrumes et, son mercure ne suffisent pas à remplir des caisses dans lesquelles un roi pusillanime laisse puiser depuis si longtemps avec insouciance. Ces caisses, il faut trouver le moyen de les remplir et une solution s'impose d'urgence. Les ministères travaillent et cherchent. Un haut fonctionnaire espagnol trouve dans un dossier une traduction d'un projet de monopole des pétroles déposé au Parlement français. Il l'examine mais ne s'y arrête pas. Quelques mois après, en 1928, des hommes d'affaires espagnols connaissant les difficultés financières de l'Espagne suggèrent au dictateur de se pencher attentivement sur les formidables bénéfices réalisés par les compagnies étrangères de pétrole installées en Espagne. Ces sociétés sont d'origine anglaise, américaine, *française* pour le principal.

Les collaborateurs de Primo de Rivera font des calculs, l'affaire est excellente, les bénéfices se chiffrent par centaines de millions de pesetas. Une arithmétique un peu primaire leur indique qu'une somme de soixante-quinze millions de pesetas (environ 500 millions de francs) leur suffira pour racheter les installations des compagnies étrangères sur le sol d'Espagne. Bien entendu, et peut-être à l'insu du dictateur, dans la coulisse un groupe financier madrilène espère bien profiter de la gestion de ce monopole national ; il attend anxieusement la décision finale du Directoire.

Décision favorable ! Il convient d'agir très rapidement afin de ne pas laisser les pétroliers anglo-américains intervenir par la voie diplomatique. On n'a pas le temps d'improviser, on cherche dans les dossiers et l'on retrouve la traduction du projet français similaire. On le copie presque mot pour mot avec cette différence que le monopole ne sera pas étatisé... ce qui aurait enlevé tout le bénéfice de l'opération au groupe financier madrilène. Le monopole de la vente et de l'importation, éventuellement de la raffinerie, des pétroles espagnols est confié à une société fermière qui agira avec pleins pouvoirs, le gouvernement espagnol se réservant trente pour cent des actions du capital total de ladite société. Le statut accorde aux actionnaires un dividende plein jusqu'au maximum de 10 % ; au-dessus de ce pourcentage, vingt-cinq pour cent des bénéfices demeurent acquis au trésor public. En somme, ce n'est qu'une demi-mesure entre le capitalisme privé et le capitalisme d'État et l'on sait que, presque invariablement, ces sortes de portes entrouvertes finissent toujours par se refermer avec fracas sur le nez de ceux qui ne savent ni les fermer, ni les ouvrir entièrement.

L'opération est menée si discrètement et si rapidement que le capital est souscrit sans que les groupes américain et anglais soient avertis pour essayer de s'immiscer, par personnes interposées, dans ce monopole national. La *Standard Oil* et la *Royal Dutch-Shell* se trouvent mises devant le fait accompli. Elles sont d'autant moins satisfaites qu'elles apprennent que le *Syndicat russe des Naphtes* prévenu par des voies mystérieuses, a pu parer la manœuvre en s'abouchant directement avec la *Companhia Arrendentaria* qui régit le nouveau monopole. Rappelons que, jusqu'à cette époque, directement ou indirectement, les compagnies anglaises et américaines fournissaient 75 % de la consommation espagnole de pétrole, l'U.R.S.S. 13 %, et le restant (12 %) se répartissait entre différents petits producteurs dont le Vénézuéla.

Le premier acte de la société-monopole est de « nationaliser » à son profit toutes les installations pétrolières existant en Espagne. Les indemnités offertes sont jugées insuffisantes et des procès sont intentés de tous Us côtés ; les soixante-quinze millions de pesetas sont largement dépassés et la société débute, après avoir repris les stocks et les réserves, avec une lourde situation financière. Nous allons assister à des opérations d'envergure contre le Directoire de Primo de Rivera qui marquent la primauté de l'économique sur le politique.

Loin de s'entre-déchirer, les trusts américain et anglais victimes de la même opération, unissent à nouveau leurs efforts. L'offensive — une véritable guerre secrète acharnée — se déroule sur trois fronts à la fois : approvisionnements en pétrole, commerce général de l'Espagne, politique intérieure espagnole.

Les nations modernes ne peuvent plus vivre sans carburant et, en annonçant la création du monopole des Pétroles, le Directoire de Madrid avait promis au peuple espagnol une baisse du prix de l'essence, baisse due à la suppression des « bénéfices scandaleux » réalisés par les compagnies étrangères. La *Standard* et la *Shell* s'entendent pour pratiquer une baisse générale — et momentanée — des tarifs mondiaux, sachant bien que la Société fermière espagnole, ayant acheté stocks et réserves au prix fort, ne peut pas rivaliser avec leurs nouveaux prix de vente. Bientôt, en Espagne, l'essence coûte 20 % plus cher que dans tous les autres pays.

En même temps, les bateaux-citernes américains et anglais refusent de transporter le pétrole vers les ports espagnols et les réserves de la péninsule s'épuisent. La situation en carburant frise la catastrophe. L'Espagne de Primo de Rivera multiplie les appels ; les Anglo-Saxons restent sourds ; seule l'U.R.S.S., qui a besoin de devises pour importer, augmente sensiblement ses envois de pétrole, passant de 13 à 25 puis à 30 % son pourcentage dans le commerce général du pétrole de l'Espagne.

On sait que Primo de Rivera est l'ennemi implacable des communistes ; aussi la presse « suggestionnée » s'empare du fait que l'U.R.S.S. devient le principal fournisseur de carburant de l'Espagne pour essayer de ruiner le prestige du dictateur. Certains amis de Primo de Rivera lui reprochent avec véhémence cette collusion commerciale avec les Soviets. Comment aurait-il pu faire autrement ? La solution du problème était à Moscou et non à Madrid ! Mais puisque chacun croyait y trouver son compte...

L'offensive anglo-américaine est calculée dans ses moindres détails ; des navires de guerre espagnols marchant au mazout ne trouvent pas à se ravitailler au cours d'une croisière en Extrême-Orient. Les filiales des sociétés pétrolières anglaises et américaines ont reçu des consignes en ce qui concerne tout ce qui est espagnol, aussi les malheureux croiseurs demeurent-ils immobilisés pendant de longues semaines sans pouvoir embarquer la moindre tonne de carburant. Des ambassades étrangères sont obligées de s'entremettre pour que la flottille puisse regagner la métropole.

La Compagnie-monopole *l'Arrendaria* doit se démener plus que jamais pour essayer de couvrir les besoins de la consommation espagnole. Elle ne rencontre de compréhension que du côté soviétique dont le pourcentage des exportations s'accroît bientôt jusqu'à 40 %.

Les pétroliers anglo-américains commencent à prendre peur ; feraient-ils les frais d'une opération pour que le pétrole d'U.R.S.S. leur ravisse le marché espagnol ?

À ce moment précis des informations apprennent « que les Soviets envoient le pétrole le plus mauvais qu'ils peuvent trouver sachant que l'Espagne est forcée d'acheter tout. Le produit vendu par le monopole espagnol devient d'une qualité de plus en plus détestable ». Que reproche-t-on au pétrole soviétique ? D'être mal raffiné et de secréter une trop haute teneur en soufre. Or, déjà en 1929-30, les trusts soviétiques s'occupant du raffinage du naphte sont presque aussi bien outillés que les exploitations similaires anglo-saxonnes. Dans ce domaine, les progrès soviétiques sont considérables et le technicien qu'est M. Charles Baron, juge honnêtement et sans ambiguïté le pétrole soviétique comme l'égal de tous les autres pétroles mondiaux. Cette appréciation compétente permet d'ajouter foi à un renseignement recueilli quand on répandait le bruit de la mauvaise qualité des produits russes vendus par le monopole espagnol. Voici, l'origine de la « mauvaise qualité » du carburant soviétique. Ne pouvant empêcher les bateaux-citernes soviétiques d'amener le pétrole en Espagne, pour discréditer le produit soviétique on le falsifia. Dès leur arrivée en Espagne on mélangea différents ingrédients aux carburants russes afin de mécontenter la clientèle espagnole. Ce sabotage, dû à d'anciens éléments — restés sur place — des sociétés expropriées, est assez dans les habitudes des trusts pour que nous ne repoussions pas a priori cette thèse en harmonie avec la manœuvre contre l'Arrendaria.

Mais, objectera-t-on, comment et par quels moyens des représentants soviétiques purent-ils entrer en relations avec la Société fermière des pétroles instituée par Primo de Rivera ennemi déclaré des communistes et des Soviets ?

Il faut attendre dix ans pour en connaître les modalités jusqu'alors tenues secrètes. C'est un hebdomadaire parisien qui, le 18 mars 1937, révèle les dessous de l'opération à propos de l'assassinat mystérieux de l'étrange Dmitri Navachine.

Lorsque la rupture est consommée entre le Directoire d'une part, la *Standard Oil* et la *Royal Dutch* de l'autre, Dmitri Navachine évalue l'acuité du conflit qui va se présenter et pressent que le Directoire espagnol aura besoin du naphte soviétique, l'U.R.S.S. étant le seul producteur de pétrole en lutte avec les Anglo-Saxons. Navachine envoie des rapports à Moscou et particulièrement à Kouybicheff, président du Conseil Supérieur de l'Économie Soviétique.

L'auteur de ces révélations résume ainsi les propositions de Navachine : « ... N'est-ce pas l'occasion de créer en Espagne une base d'influence économique ? Cette base ne permettrait-elle pas, ensuite, une pénétration soviétique intéressante et durable ? N'est-ce pas aussi un moyen de porter un rude coup à la Royal Dutch et à Deterding qui ont adopté une attitude hostile envers l'U.R.S.S. ? »

Moscou se rend à ses arguments et décide d'envoyer une délégation à Madrid pour ouvrir des négociations. Cette délégation est formée de D. Navachine, de Barychnikoff, Président de la *Banque Commerciale d'Europe,* de Tchenoff, jurisconsulte de l'ambassade soviétique de Paris, de Stephan Batolin, représentant du *Syndical russe du Naphte* et de Grelphand, représentant la Guépéou à Paris. Avant de partir de Paris, Navachine invite à dîner, chez Lapérouse, les républicains espagnols réfugiés en France, depuis Lerroux, Prieto Zamora, jusqu'au chef du mouvement catalan, le colonel Macia. Habile, Navachine, quoique très lié avec Sir Victor, entend prévenir les républicains espagnols que l'entrée en matière commerciale avec Primo de Rivera va lui permettre de leur préparer la voie d'une entrée triomphale en Espagne. Ce double plan établi, la délégation se rend à Madrid.

Dmitri Navachine, qui à ses heures était un économiste théorique et un peu superficiel que j'ai connu, rend visite, puis se lie rapidement avec le sénateur Domine et son adjoint Anastasio qui dirigent la Société fermière des pétroles espagnols ; par eux, il pénètre dans le monde de la finance et des affaires de Madrid.

Navachine triomphe sur toute la ligne et signe le contrat de fourniture de pétrole russe au monopole espagnol avec une clause secrète due à son ingéniosité. « Cette clause secrète prévoit une rétrocession de ü % sur le montant de toutes les factures. Les sommes ainsi versées étaient remises au banquier Anastasio, qui, en réalité, ne recevait que 2,75 % ; les 2,25 % restant allaient à Navachine qui les transmettait à Arhens, résident du Komintern et à Jonovitch, résident du K. R. O. ». Et le rédacteur après avoir donné ces précisions commente : « Cet argent servait tout simplement à financer le travail souterrain de la politique des Soviets en Espagne. De cette façon, sans s'en douter, le gouvernement de Primo de Rivera fournissait à l'U.R.S.S. l'argent qui préparait sa perte. »

L'opération soviétique agissant sur trois plans différents (lutte contre Deterding, lutte contre la monarchie espagnole, écoulement des pétroles russes) est vraiment une des plus belles choses que l'on ait vues au point de vue du réalisme diplomatique. Mais Navachine n'oublie pas sa petite commission et, d'accord avec le banquier Anastasio, il se fait réserver ¼ % sur les sommes versées aux services secrets soviétiques.

Sir Victor apprend à Londres, par l'intermédiaire du banquier espagnol March, le rôle joué par Navachine c'est-à-dire le double jeu, puisque Navachine était considéré comme un agent influent de l'Intelligence Service. Sa colère se déchaîne. Quelques années plus tard Navachine est assassiné en plein Paris. Exécution soviétique, a prétendu une certaine presse en menant grand bruit sur cette affaire. Maintenant que l'on connaît les dessous de l'affaire, on peut envisager la thèse de la suppression d'un agent anglais jugé dangereux par son propre service.

Mais revenons un peu en arrière, au moment où *Standard Oil* et *Royal Dutch* s'aperçoivent que, grâce au contrat enlevé par Navachine, les pétroles soviétiques ne cessent d'accroître leurs exportations en Espagne.

Les pétroliers anglais et américains sentent qu'ils doivent précipiter les événements car la progression des exportations soviétiques pour devenir un redoutable précédent pour l'avenir. Ce n'est donc plus seulement au pétrole espagnol qu'il faut s'attaquer mais bien au créateur de ce monopole, c'est-à-dire au Directoire de Madrid.

Aux États-Unis et en Grande-Bretagne, tout à coup la presse se déchaîne sur la découverte du « pou de San José ». Il paraît que ce nouveau parasite infeste les fruits et produits agricoles exportés par l'Espagne ; la presse mène un tel vacarme que les ports américains refoulent tout ce qui arrive d'Espagne ; l'Angleterre les imite et commande des fruits à ses colonies, en particulier au Cap. Les Espagnols ne savent plus que faire de leurs productions qu'on leur refuse dans tous les pays soumis au pétrole anglo-saxon. Les devises ne rentrent plus ; la peseta tombe régulièrement de quelques centimes par jour pour ne plus valoir que 2 fr. 50. On murmure que la *Chase Bank* (américaine), dont le Président est alors le beau-père d'un des fils du vieux Rockefeller, pousse la monnaie espagnole à la baisse. Cette situation menace gravement à la fois le gouvernement de Madrid et la Société fermière pour l'exploitation des pétroles.

La *Compagnie espagnole des pétroles*, qui est une filiale de la Société fermière, chargée plus spécialement d'une partie de l'approvisionnement du monopole, possède des concessions au Vénézuela et une raffinerie importante aux Canaries. Elle ne peut plus alimenter ni sa raffinerie, ni l'Espagne, *les bateaux-citernes refusant de charger son carburant* vénézuélien ; sa situation financière devient tragique au point qu'elle demande une avance de cent millions au financier espagnol Juan Marck, israélite, lequel exige, en garantie, les actions de la société. Plus tard, on apprendra que ces actions se trouvent entre les mains des pétroliers anglais...

Enfin, offensive sur le terrain politique. Beaucoup de journaux se découvrent tout à coup une ferveur, compréhensible mais soudainement virulente, pour les républicains espagnols. Le Directoire de Primo de Rivera est attaqué sous tous les angles ; on crie à la dictature, aux Catalans opprimés. Des sympathies viennent de tous côtés, des aides aussi, en particulier du Mexique dont le Président est l'homme de paille des pétroliers américains de la *Standard Oil* depuis le coup de force de Rockefeller qui a enlevé pour cinquante millions de dollars les puits de pétrole du Mexique à son compatriote Doheny.[18]

---

[18] Rappelons les campagnes de presse, en France, contre le Directoire espagnol et soulignons que des importateurs français de pétrole avaient partie liée avec les pétroliers anglais et américains.

La situation intérieure de l'Espagne s'aggrave ; la raréfaction de l'essence gêne les commodités publiques ; la mévente des produits nationaux engendre la misère. Les mécontentements se manifestent, l'agitation politique, un moment jugulée par Primo de Rivera, reprend ; les mesures policières sont maladroites. Les chefs républicains sont prêts, certains attendent en France le moment propice pour rentrer en Espagne. Le gâchis grandit à tel point que Primo de Rivera s'écroule et qu'Alphonse XIII abdique.

Trois ans avaient suffi (1928-1931) aux pétroliers pour gagner la partie, une partie qui leur coûtait des milliards qu'ils ont vite récupérés par la reprise du trafic « libre du pétrole.

La République espagnole va-t-elle pouvoir s'organiser dans le calme ? La tâché de remise en état est ardue et les caisses ne sont guère garnies. Les républicains — dont la plupart ignorent la force obscure qui favorise leur avènement, cela il faut le spécifier — sont lents à s'organiser. Ils sont divisés par des querelles intestines ; radicaux, socialistes, communistes, anarchistes unis pour la lutte commune contre la monarchie, ne sont plus d'accord quand le pouvoir est entre leurs mains. Comme chez tous les idéalistes sans expérience du pouvoir, chaque parti est partisan de l'Absolu, ce qui est honorable et parfait à la condition d'être seul au pouvoir et d'avoir une troupe homogène derrière soi. On tarde donc à se mettre d'accord sur les principes essentiels — essentiels, pour nous, signifient économiques — régissant l'économie espagnole et, la politique aidant, le pétrole soviétique garde sa place privilégiée. Ce qui n'est pas pour plaire aux Anglo-américains.

Cette question (le pétrole se double (le diplomatie internationale. Les rapports ne sont pas encore des plus cordiaux entre Londres et Moscou et la première voit dans l'influence grandissante de la seconde en Espagne un danger pour *Gibraltar,* sa citadelle avancée en Méditerranée qu'elle renforce fébrilement et considérablement puisque la bombe atomique n'est pas encore inventée. Bref, la politique républicaine espagnole ne donnant satisfaction ni aux pétroliers, ni au Foreign Office, on cherche à nouveau un homme de la trempe de Primo de Rivera[19] qui balaiera les effets de cette « malheureuse » expérience.

La parfaite identité de vues entre les pétroliers anglais et leur gouvernement se rencontre une fois encore. Un général, qui jouit de beaucoup de prestige dans l'armée, paraît posséder les aptitudes nécessaires. On murmure, dans les chancelleries qu'il en coûte 400 millions de pesetas aux pétroliers plus un nombre ignoré de dizaines de millions au curieux financier majorquin Juan March devenu la «Puissance Inconnue» du régime franquiste. Mais le but sera atteint après une des plus épouvantables guerres civiles que le monde ait connues et dont les traces, tant morales que matérielles, ne seront pas effacées dans un siècle.

Depuis, plus d'histoires entre le gouvernement de Madrid et les sociétés américaines et anglaises. Tout est rentré dans l'ordre d'avant 1928 ou, du moins, si la forme a changé, les intermédiaires et les bénéficiaires sont redevenus les mêmes. Les Espagnols reçoivent à nouveau de l'essence, ils exportent leurs agrumes dans lesquels on ne trouve plus de poux de San José.

Les Américains et les Anglais crient, pour leur opinion publique contre le régime franquiste, mais refusent de suivre M. Georges Bidault lorsqu'il rompt les relations diplomatiques françaises avec Madrid. Nous nous privions

---

[19] Primo de Rivera est décédé à Paris dans des conditions obscures qui ne furent jamais élucidées.

des produits espagnols par idéologie, mais Londres et New-York les acceptaient en échange d'autres produits et les Anglais venaient revendre en France les produits qu'ils achetaient en Espagne !

La roue tourne, mais les combinaisons restent les mêmes, les bénéficiaires les mêmes et les « coyons » les mêmes. Il n'y a que le pétrole qui triomphe, car les appels à l'insurrection au Maroc français, lancés par Radio-Tétouan (Maroc espagnol) ne se manifestèrent que le jour où l'Espagne devint satellite des États-Unis.

VII

Le pétrole

a perdu la Roumanie

La Roumanie, petit pays de l'Europe orientale pouvait vivre heureux, libre et prospère, grâce à son blé et à son pétrole. Nous évoquons le pétrole roumain pour montrer que les mœurs des pétroliers pourrissent à leur contact tous les individus qui ne sont pas d'airain, fussent-ils des rois. Entourée de pays hostiles, par jalousie de ses richesses, la Roumanie, latine d'esprit, devait demeurer neutre quels que fussent les événements avec des chefs réalistes, des têtes froides. Mais peut-on rester vraiment libre dans sa diplomatie et dans sa poli-tique lorsqu'on admet sur son sol de puissants trusts étrangers ayant pour principaux représentants les ambassades des nationalités de ces trusts ? Et que l'on accepte les cadeaux personnels des grands marchands ? Le pétrole commence à jaillir en France, puisse cet exemple être médité.

En novembre 1946, élections générales en Roumanie favorables à l'U.R.S.S. La Roumanie devient satellite de Moscou.

Londres et Washington refusent de reconnaître les élections roumaines sous le prétexte qu'à la conférence de Moscou de décembre 1945 les gouvernements britannique et américain avaient promis la reconnaissance du gouvernement de Bucarest, à la condition que le ministère roumain englobât des représentants de *tous* les partis. Or, prétendent Londres et Washington, le scrutin du 19 novembre n'a été « *ni juste ni libre* ». Et le Foreign Office précise : « Le gouvernement britannique s'est engagé à ne signer de traités de paix qu'avec les gouvernements reconnus par lui. »

Le public ne comprend pas grand'chose à cette diplomatie secrète dont on lui communique les effets en lui en laissant ignorer les causes. Pourquoi les mêmes ont-ils « reconnu » d'autres gouvernements aux élections non moins « dirigées ? » Pourquoi cette soudaine et tendre sollicitude pour la « liberté » de la Roumanie ?

Ouvrons le journal suisse *National Zeitung* du 2 mai 1939. Nous y trouvons une nomenclature des principales sociétés pétrolières roumaines avec leurs derniers tonnages de production :

Astra Romana (capital britannique, filiale de la *Royal Dutch-Shell*) 1.702.618 tonnes	1.702.618	tonnes
Steaua Romana (capital anglo-franco-roumain)	946.332	—
Concordia (capital franco-belge)	912.330	—
Romana Americana (capital américain)	747.684	—
Unizea (capital britannique)	704.980	—
Créditul minier (capital roumain)	482.263	—
Colombia (capital français)	429.912	—
J. R. D. P. (capital roumain)	142.410	—

Précisons que des capitaux sont fournis par des banques roumaines, ce qui leur acquiert une nationalité roumaine ; en réalité, une partie de cet argent est étranger, en particulier anglais, ce qui revient à dire que le pétrole roumain appartient, pour sa majorité, à des filiales des groupes anglais (65 % environ) et, américains.

Maintenant, on commence à mieux comprendre les querelles diplomatiques autour de la Roumanie. Après avoir libéré les pétroles roumains de l'emprise allemande, les capitalistes anglo-américains ne veulent pas que cette opération ait été réalisée au profit de l'U.R.S.S.

L'instauration d'un gouvernement « populaire » roumain prosoviétique a été le signal d'une nouvelle bataille anglo-américano-soviétique pour les pétroles de Roumanie *qui,* situés à proximité du Caucase, pourraient permettre *de concurrencer directement les exportations de pétrole russe,* quand l'U.R.S.S. devient exportatrice de carburant vers l'Occident. Or le pétrole roumain n'est pas un morceau à dédaigner : *plus de neuf millions de tonnes par an,* deuxième pays producteur de pétrole européen (après l'U.R.S.S.)

La découverte du pétrole en Roumanie est ancienne et beaucoup des remous politiques intérieurs de ce pays n'eurent pour cause que l'octroi de concessions de terrains pétrolifères à telle société plutôt qu'à telle autre.

L'Allemagne, qui se réveilla un peu tardivement dans la compétition pétrolière mondiale, a visé le pays le plus à proximité d'elle pour essayer d'assurer l'indépendance de sa consommation de carburant. Aussi, quand la Roumanie se joint au bloc des Alliés pendant la guerre 1914-1918, le Reich déploie-t-il un effort important pour la maîtriser et lui imposer un traité de paix aux clauses économiques draconiennes. L'industrie pétrolière passe sous contrôle allemand et Berlin crée une société chargée de l'exploitation des pétroles roumains. Peu de temps après, la victoire des Alliés libère Bucarest, les Allemands évacuent les puits et les anciens propriétaires rentrent dans leurs chantiers quelque peu dévastés, *car lors de l'avance des troupes allemandes, les autorités militaires franco-anglaises avaient ordonné la destruction des installations pétrolières.*

Notons, en passant, qu'après la tourmente, à la suite de diverses pressions, le gouvernement royal de Roumanie dut s'engager à payer les dégâts occasionnés aux pétroliers par les circonstances de la guerre. Ce dédommagement s'effectua par le paiement de 2 % du capital nominal des actions pendant cinq ans, puis 3 ½ % pendant cinq autres années et, de la onzième année jusqu'en 1965, 4 %. Ce qui demeure un traitement scandaleux envers un allié faible que ni la France, ni la Grande-Bretagne n'avaient su protéger de l'invasion allemande. Preuve que les pétroliers n'étaient pas absents de la rédaction des accords internationaux.

Les puits roumains se relèvent rapidement. L'argent pour de telles affaires ne fait pas défaut, témoin le procès qui se déroula à Paris, devant le tribunal correctionnel, autour d'une commission de 25 millions de francs exigée en 1920 par des intermédiaires qui mirent aux prises les princes Cantacuzène et le groupe Lindeboom. Le groupe anglais étend, directement ou indirectement, ses tentacules sur la production pétrolifère de Roumanie. Bien qu'*officiellement, la* part des capitaux britanniques eu égard à la production soit évaluée à 30,05 %, le groupe *Royal Dutch-Shell* contrôle en réalité les deux tiers de la production roumaine grâce à ses filiales roumaines, françaises et belges.

En 1931, la Roumanie a besoin d'argent et cherche à contracter un emprunt à l'étranger. *Le Cri de Paris* écrit le 2 janvier 1932 : « Si la Roumanie a besoin d'argent, notre pays a besoin de pétrole ; il vient de terminer l'équipement de ses raffineries et va se trouver, en attendant l'arrivée du pétrole de Mésopotamie, dans l'obligation d'acquérir des quantités considérables de pétrole brut. Plutôt que de payer le prix mondial, pourquoi ne pas l'acheter en

Roumanie où la production est si abondante qu'elle se vendait, ces derniers jours, *moins de 200 francs français le wagon de dix tonnes ?*»

Excellente intention qui anime certains membres de la commission française chargée de discuter avec les délégués roumains la contre-partie de l'emprunt roumain de 275 millions de francs! La convention pétrolière franco-roumaine est signée en janvier 1932. Laissons Arthur Lafon conter le machiavélisme de cet arrangement, sous le titre. *Une nouvelle victoire de Henry Deterding.*[20]

« Il y avait un moyen de satisfaire les deux partis, dit l'économiste, puisque la France a entrepris de construire des raffineries avec la participation de l'État... Malheureusement, personne ne songea que, le raffinage étant une opération beaucoup plus lucrative que l'extraction pure et simple, jamais un producteur ne serait assez stupide pour vendre du pétrole brut. L'occasion était inespérée de s'adresser à la Roumanie et de subordonner tout achat préférentiel de produits finis à un tonnage proportionnel de pétrole brut.

Mais on avait compté sans sir Henry Deterding.

Quelle est, en effet, la situation de l'industrie pétrolière en Roumanie ?

« D'abord deux grandes sociétés, *l'Astra Romana,* entièrement contrôlée par la *Royal Dutch,* et la *Steaua Romana, sous* l'influence de *l'Anglo Persian Oil,* trust anglais dont la politique est jumelle de celle de la *Royal Dutch.* Ces deux sociétés représentant 65 % de la production roumaine. Elles disposent en outre de l'entreprise de transports

---

[20] *Monde, 23* janvier 1932.

Distributia et de raffineries capables de traiter toute la production du groupe. Ce qui signifie, en définitive, que l'industrie pétrolière roumaine est, pour les deux tiers, personnifiée par sir Henry et, pour le dernier tiers, dispersée en une multitude de petits exploitants sans moyens et, par suite plus ou moins satellites de Deterding.

Ce serait mal connaître le magnat que de le croire homme à se résigner à l'exportation de ce pétrole brut qu'il rafle à bas prix, raffine et revend aux cours mondiaux ! Il pouvait se contenter de torpiller les négociations franco-roumaines, il fit mieux, il les fit travailler pour lui.

La délégation roumaine, entièrement à sa dévotion, passa dès le premier jour à l'offensive. Arguant de la grande détresse des finances roumaines, elle sollicita de la France un achat préférentiel annuel de 700.000 tonnes de *produits finis,* soit le double des importations actuelles de ce pays en France. De pétrole brut, il n'en était plus question.

On discuta pour la forme, et on se mit d'accord sur le chiffre de 400.000 tonnes de produits finis. *Sans aucune contre-partie,* la France a donc amputé d'environ 15 % le marché libre des produits finis en créant un marché privilégié correspondant.

Sous couleur d'assister le peuple roumain, le bon peuple de France garantit à sir Henry, détenteur des deux tiers du pétrole roumain, l'achat annuel de quelque 400.000 tonnes d'essence, *par priorité, au prix qu'il voudra bien consentir* et qui, triomphe du machiavélique magnat, seront distribuées dans tout le pays *par les pompes de ses concurrents...* Quant aux finances roumaines, elles ne recueilleront que les miettes du festin... »

Ainsi, nous prêtons quelques centaines de millions de francs à la Roumanie, et en même temps nous nous lions à son industrie pour une fourniture de produits finis défavorables à l'industrie française du raffinage. Cette histoire semble si invraisemblable et illustre à tel point la puissance formidable des pétroliers internationaux, que nous avons longuement cherché ce témoignage de l'époque pour que l'on ne croie pas que nous sommes atteints de persécution pétrolière.

Il est donc établi, presque péremptoirement, que la Roumanie était, depuis longtemps, satellite d'une puissance étrangère grâce à ses pétroliers. D'ailleurs on n'a pas encore écrit la part des pétroles dans les avatars et aventures de l'ex-roi Carol qui, trouvant que les pétroliers britanniques exagéraient quelque peu et que le pays (ou lui ?) ne retirait pas des bénéfices normaux de l'exploitation de son sous-sol, favorisa l'installation d'un concurrent, en la personne d'une société américaine. On connaît les histoires intimes suscitées pour le contraindre à abandonner son trône une première fois. Par la suite il se retira aux... États-Unis.[21]

À quoi servent notre argent, nos achats préférentiels de pétrole roumain, quand les pétroliers n'ont pas de patrie, tout au moins pour le commerce ? À préparer la guerre du Reich de Hitler. En voici l'aveu relevé dans un journal financier du 22 mars 1936 :

---

[21] Le 30 mai 1932, une revue française a reproduit une information publiée par le journal allemand *Welt am Montag*. À propos de la situation difficile du *Shell Konzern*, filiale de la Royal Dutch, on accusait Henry Deterding d'avoir « dilapidé » des fonds pour corruption de personnages politiques. Cette somme était évaluée à 40 millions de florins et, parmi les bénéficiaires on relève les noms de : M. Jorga, président du Conseil roumain, pour 20.000 livres sterling et le roi Carol pour 5 millions de francs payés lors de son dernier séjour à Paris... Ce qui n'empêcha pas l'ex-roi d'essayer, d'un autre côté, une autre combinaison.

La Roumanie, qui avait expédié, en 1935, 670.000 tonnes de pétrole et produits pétrolifères, en Allemagne, *contre* 260.000 *tonnes seulement* en 1934, a pris la décision d'arrêter ses envois. La raison en est que le gouvernement roumain (?) ne peut obtenir le virement des balances créditrices qu'il a en Allemagne ; le montant des crédits gelés totalise 18 millions de reichsmarks alors que l'excédent de la balance commerciale roumaine en Allemagne s'est élevé à 16.100.000 reichsmarks pour l'année 1935. Autrement dit, l'Allemagne a plus d'un an de retard dans ses paiements. »

Mais tout s'arrangea et le pétrole roumano-anglais reprit bientôt le chemin des réserves de guerre du Reich.

Puis c'est l'étrange volte-face de la Roumanie alliée des Alliés, puis alliée (peut-être par contrainte mais alliée quand même) de l'Allemagne, entre 1939 et 1945. Le pétrole roumain s'achemine par tous les moyens vers le Reich : les bombardiers américains et anglais essaient de couper les routes. Avec, la défaite de Hitler, les armées soviétiques occupent le pays du jeune roi Michel et... tous les puits de pétrole.

L'histoire en est là. On aurait tort de croire qu'elle est terminée puisque Londres est mécontent et que les concurrents américains n'hésitèrent pas à provoquer le fameux incendie de Moreni qui, pendant deux ans ravagea les puits de pétrole roumain de la *Shell-Royal Dutch*. Cet incendie et sans doute d'autres malfaçons ont réduit de plus de deux millions de tonnes la production du pétrole roumain en dix ans.

La soumission et la vénalité des gouvernants de Bucarest, ont transformé un petit mais riche pays en satellite vassal...

VIII

L'HISTOIRE DU MEXIQUE N'EST QU'UN DRAME DE LA GUERRE DES PÉTROLES

L'Europe n'est pas seule atteinte par les gangs du pétrole...

Le 18 mars 1938, une nouvelle sensationnelle bouleverse les Bourses et remplit de stupeur les milieux pétroliers du monde entier. Le Président du Mexique Lazaro Cardenas, décide l'expropriation des «capitalistes étrangers» qui «contrecarrent la souveraineté nationale». Cette mesure vise essentiellement les trusts pétroliers anglais et américains, du moins le croit-on !

Un enthousiasme extraordinaire se manifeste à l'annonce de ce «coup de force contre le capitalisme international», enthousiasme non seulement au Mexique mais encore dans le monde travailliste « des nations exploitées par ledit capitalisme étranger. La voie tracée par Lazaro Cardenas va-t-elle indiquer le chemin de la raison aux petits pays d'Amérique du Sud, colonies occultes des grandes puissances d'argent ?

Presqu'aussitôt un général, Saturnino Cédillo, essaie de renverser Lazaro ; il échoue. Les pétroliers, un moment unis contre Cardenas se divisent ; à la force on substitue la ruse car la mesure gouvernementale se révèle bientôt une mesure... *exclusivement dirigée contre le trust britannique Royal Dutch-Shell!*

La *Standard Oil* américaine vient de marquer un point très important contre son éternel concurrent, mais l'histoire n'est pas terminée. Le 7 novembre 1916, un journal parisien publie l'information suivante :

Si vous voulez faire une petite révolution au Mexique, vous aurez 5.000 livres sterling par an. Cette proposition fut faite, à la veille de sa démobilisation, à « Popski » par un officier britannique. Popski est le surnom d'un Belge d'origine russe : le colonel Wladimir Peniakov qui, sous l'uniforme anglais, organisa une armée de saboteurs qui opéra en arrière des lignes allemandes. Popski refusa en ces termes : Je fais la guerre moi-même ; cela ne m'intéresse pas de faire battre les autres. » Popski n'ira donc pas essayer de venger l'échec du général Cédillo, mais un autre « technicien du sabotage, tenté par l'aventure et les livres sterling, n'hésitera pas à « faire battre les autres » pour le pétrole. Et pour comprendre ce qui se passera demain, apprenons à connaître ce qui s'est déroulé hier dans un pays qui fut relativement tranquille tant qu'on ne découvrit pas de pétrole dans son sous-sol.

Le Mexique est le premier pays qui fut le témoin ensanglanté de l'impitoyable lutte que se livrèrent pétroliers américains et pétroliers anglais. Des dizaines de milliers de Mexicains sont morts dans des guerres civiles croyant défendre une idéologie contre une autre ; en réalité, ils sont morts pour « l'idéologie » d'un chef politique instrument de tel trust désirant avoir un privilège pétrolier. Les néfastes effets de ces conflits fratricides dépassent largement le cadre d'une rébellion momentanée. Les pétroliers ayant besoin d'hommes de main, de saboteurs, de « protecteurs », un certain pourcentage de citoyens mexicains, jadis paisibles, sont entrés dans l'illégalité permanente, n'ayant plus de goût à reprendre un travail régulier et modeste eu égard aux profits énormes réalisés — et vite dépensés — dans les périodes de troubles, c'est-à-dire lorsqu'aux « soldes » s'ajoutait le butin du pillage. Les Indiens agriculteurs, sédentarisés, qui attachaient peu d'importance à l'argent pour ne s'accrocher qu'à la terre nourricière, chassés par la force des terrains réputés pétrolifères, enrôlés clans les grappes humaines qui manipulaient, le lourd matériel des pétroliers, perdirent le sens de la vie ancestrale agreste. Antoine Zischka a donné[22] un tableau éloquent et émouvant de l'entêtement du péone pour sa terre et, de la vie d'enfer qu'il mena lorsque les capitalistes étrangers envahirent le Mexique pour exploiter son sous-sol. Ce qui démontre que si le pétrole symbolise le progrès moderne du machinisme, il donne aussi une piètre idée de ce que, au XXᵉ siècle, on appelle la « civilisation ». Depuis 1900, le Mexique est un volcan alimenté par le pétrole !

Avec cuivre, argent, un peu d'or, le Mexique vit heureux en exploitant ses mines. À la fin du XIXᵉ siècle, les possibilités des produits issus du naphte deviennent certaines. Le vieux Rockefeller a fait de la *Standard Oil,* par ses multiples filiales, le premier trust pétrolier du monde ; il asseoit son hégémonie économique sur les États-Unis, puis cherche à s'étendre. Il livre une lutte sans merci à ses compatriotes américains qui veulent se réserver une part *indépendante* de l'industrie pétrolière. Parmi ses concurrents, un certain Edward L. Doheny, né le 10 août 1856 à Fond-du-Lac dans le Wisconsin, se montre d'une classe exceptionnelle et, en certains points, beaucoup plus complète que celle de Rockefeller lui-même, car Doheny n'industrialise pas seulement les découvertes des autres, il n'est pas seulement financier et tacticien, il est aussi prospecteur et exploitant direct. Le nom de Edward L.

---

[22] La guerre secrète pour le pétrole (ibid.).

Doheny est malheureusement pour le Mexique, inséparable de l'histoire des événements mexicains de ces cinquante dernières années.

Modeste chef de chantier en Basse-Californie, il travaille pour le compte de la *Southern Pacific Company*. En surveillant la réfection de la voie ferrée, son attention est attirée par un suintement bitumeux qui macule le ballast. Il ne dit rien, recueille dans une fiole un peu du liquide épais et le donne à analyser à un pharmacien de Los Angelès. Il s'agit bien de pétrole. Doheny s'adresse à un de ses amis épicier-bazardier à Los Angeles, nommé Canfield, et tous deux décident de tenter un forage rudimentaire, avec les quelques économies du petit commerçant. Passons sur les espoirs et découragements des foreurs. En 1893, le pétrole jaillit et Doheny commence à entasser les millions de dollars. Avec la fortune se nouent des relations et le directeur de la Compagnie du Chemin de fer de Mexico à Tempico signale à Doheny des traces de pétrole dans la vallée dei Rio Panuco. Le nouveau pétrolier se rend au Mexique et s'aperçoit de la richesse de la région d'El Ebano. Le propriétaire mexicain refuse de vendre ses terrains ; mais, trop opportunément, il meurt d'un coup de couteau, au cours d'un drame de l'adultère, provoqué à dessein affirme-t-on ; et sa veuve cède pour une somme dérisoire les vastes champs incultes qui vont devenir les champs pétrolifères les plus riches du Mexique sous l'égide de la *Huasteca Oil Company*.

Pendant que les ingénieurs forent, montent des derricks et des réservoirs, Doheny sent son appétit grandir. Il s'abouche avec le dictateur du moment, Diaz, qui lui cède la presque totalité des terres pétrolifères du Mexique, soit environ trois cent mille acres pour trois cent-cinquante mille dollars. Les sociétés créées par Doheny se multiplient ; la *Petroleum Security Cy*, la *Mexican Petroleum of California*, la *Doheny Stone Drill Cy*, etc. sous-entendent Edward L.

Doheny qui réunit toutes ses sociétés américaines et mexicaines dans un trust, la *Pan American Petroleum Cy*. En 1910, le trust Doheny exporte 15 millions de barils de pétrole[23] du Mexique et le nouveau magnat du pétrole gagne pour sa part personnelle, un million de dollars par semaine.

Cette rapide ascension n'est pas sans provoquer les alarmes de la *Standard Oil*. Rockefeller tente de faire entrer Doheny dans son trust, il échoue car la position de l'homme du Wisconsin est maintenant fortement établie, tant au point de vue financier qu'au point de vue débouchés économiques. Des manœuvres déployées contre Doheny pour s'imposer au Mexique sont tentées à nouveau par les agents de Rockefeller, mais Diaz, que l'on a su intéresser à l'exploitation du pétrole, refuse. Alors, processus habituel, les sabotages commencent. Doheny tient toujours. Puis, les révoltes, les rébellions, les conspirations politiques s'amplifient au Mexique, ruais Doheny possède une forte organisation qui, de Mexico, étend ses ramifications sur tout le pays.

Les premières luttes qui secouent le Mexique sont dues à la rivalité Doheny-Rockefeller. Les achats de consciences, la corruption sèment les vents de discorde ; les Mexicains se battent pour des capitalistes américains. Lassé de bagarres qui coûtent cher sans avantages substantiels, Rockefeller lâche la grande offensive financière ; pour cinquante millions de dollars (de dollars-or), il acquiert la majorité des entreprises W. L. Doheny et les plus importantes sociétés mexicaines, dont la *Huasteca Oil Cy,* passent sous le contrôle de la *Standard Oil cf Indiana,* filiale de la *Standard Oil*. Doheny, après des années de farouche concurrence, devient un allié de Rockefeller ; il

---

[23] On compte environ 7 barils à la tonne.

mourra à 79 ans, en 193, sans avoir songé à reprendre son ancienne indépendance, après avoir été comᵖromis dans un grave scandale politique où il fut accusé d'avoir obtenu une concession aux U.S.A. moyennant un pot de vin de cent mille dollars au sous-secrétaire d'État à l'Intérieur, Fall, affaire qui se termina assez bien pour Doheny.

Le Mexique, « unifié » par la *Standard Oit,* va-t-il connaître le calme ? Non, car le président Diaz devient gourmand ; il estime que les pétroliers américains ne lui versent pas des subsides en rapport avec les énormes bénéfices réalisés par l'exploitation des pétroles mexicains, aussi vend-il des concessions à des prospecteurs anglais. Le groupe britannique Pearson achète des terrains dans la région de Tampico, qui sont exploités par la *Mexican Eagle.*

La lutte Doheny-Rockefeller revient bientôt à la lutte classique des pétroliers anglais et américains et les malheurs intérieurs du Mexique vont empirer. Madéro trouve soudainement de l'argent et des armes, donc des hommes, pour faire une révolution. Diaz est renversé. Au comité d'enquête du Sénat de Washington, « *l'officier américain Lawrence F. Converse, un des chefs de Madéro, dit que l'argent et les armes de ce « patriote » provenaient de la Standard et des agents de Doheny ».* À leur tour, les Anglais dénichent un entrepreneur de révolutions ; Madéro est vaincu ; Huerta le remplace et, depuis, avec Carrenza, Obrégon, Calléo, la comédie continue et continuera tant que le Mexique ne se décidera pas à mettre le feu à ses gisements.

Le groupe Deterding — et derrière lui, le gouvernement britannique — veut assurer sa suprématie sur les Américains au Mexique ; il lance une offensive pour acquérir les sources de carburant *dans les pays avoisinant le canal de Panama,* donc pour essayer de devenir le maître du ravitaillement des navires passant par l'Océan Atlantique dans l'Océan Pacifique. En 1912, la *Mexican Eagle* obtient des concessions pétrolifères à Costa-Rica, en Colombie, au Vénézuéla et dans l'Équateur. Cette astucieuse manœuvre de Londres — montrant l'étroitesse des liens unissant les pétroliers à leur gouvernement et à la politique nationale — est déjouée par un coup de force de Washington alertée par les pétroliers américains qui ont discerné immédiatement le plan britannique, à la fois capitaliste et stratégique. Au nom de la doctrine de Monroè, le gouvernement des U.S.A. fait annuler les concessions de la *Mexican Eagle*, sauf au Mexique où la concurrence est établie ouvertement.

La lutte devient de plus en plus âpre au Mexique ; Londres et Washington s'accusent mutuellement de créer des incidents sanglants ; la presse de chaque pays prend fait et cause pour ses nationaux à tel point qu'une réelle tension se manifeste entre les deux pays engendrant cette sorte d'hostilité populaire anglo-américaine qui pèsera dans la balance du retard à l'entrée en guerre des États-Unis, dans la guerre 1914-1918, aux côtés des Alliés ; l'isolationnisme américain a été, parfois, l'arme des trusts américains pour tenter la ruine définitive de leurs adversaires britanniques... Cette hostilité atteint un tel paroxysme que le gouvernement anglais délègue sir William Tyrell à Washington. La conversation diplomatique est ponctuée d'invectives. « Sir William traite M. Bryan, secrétaire d'État américain, d'agent de la *Standard Oit* », note un narrateur en constatant l'échec de ce contact, et M. Page, ambassadeur des États-Unis à Londres, s'écrie en apprenant ce piteux résultat ;

« Qu'est-ce que le pétrole, comparé à l'amitié anglo-américaine ? » Nous l'avons déjà écrit, le pétrole est, souvent plus fort que les gouvernements...

La concurrence anglo-américaine au Mexique n'empêche pas — il faut que le sous-sol mexicain soit riche — la progression de l'exploitation du pétrole, puisqu'en

1921 ce pays s'enorgueillissait d'une production pouvant assurer le quart de la consommation mondiale. Le puits « Cerrol Azul » n° 4 bat tous les records du monde avec 261.000 barils *par jour*, soit environ 41 millions de litres. Les bénéfices des pétroliers atteignent des sommes fantastiques ; rien que pour la *Mexican Eagle*, les dividendes passent de 6 % à 62 %. Il devient courant de constater des débits *quotidiens*, pour certains puits de 4,12 et 22 millions de litres de carburant. Le pétrole du Mexique rapporte plus que les mines d'or, plus que les daims diamantifères, plus que les champs de coton et plus que les troupeaux de moutons d'Australie. Seuls, les États-Unis et la Grande-Bretagne le comprennent en soutenant à fond leurs nationaux engagés dans la prospection pétrolifère des pays des Incas.

Pendant ce temps, le Mexique semble vouloir raffermir sa politique. Le président Caranza, qui a succédé à Huerta résiste aux pétroliers américains et rappelle le grand principe mexicain, fort oublié depuis vingt ans : les richesses du sous-sol n'appartiennent pas à des individus mais à la nation. En 1914, pour rétablir des « intérêts américains menacés », les États-Unis avaient envoyé au Mexique quelques navires de guerre et un corps expéditionnaire. Aussi la Constitution de 1917 prit-elle le soin de préciser la question des concessions minières en ces termes : « ...*L'État pourra concéder le même droit aux étrangers*... (À la condition) *qu'ils n'invoqueront pas la protection de leurs gouvernements pour ce qui se rapporte à ces biens...* »

Caranza désire que ces richesses reviennent, au moins en partie, à la Nation, ce à quoi Doheny rétorque qu'il est un peu tard pour jouer au « père noble » puisqu'il lui a donné déjà 785.000 dollars. Les polémiques se poursuivent, mais chacun continue à exploiter le sous-sol mexicain, le groupe Pearson avec plus de chance que ses concurrents américains puisqu'en fin de compte les Britanniques

(Mexican Eagle, Canadian Eagle, etc.) totalisent presque 60 % de la production totale du pétrole du Mexique, malgré les sabotages, les grèves, les incendies, les destructions de pipe-lines, les assassinats de techniciens par des « brigands mexicains »,

Avec l'entrée en guerre des États-Unis aux côtés des Alliés en 1917, l'antagonisme anglo-américain (à cause du pétrole) se calme, Londres ménage les susceptibilités de Washington dont les pétroliers fournissent les trois quarts de la consommation de carburant nécessaire aux ennemis de l'Allemagne, et la guerre 1914-1918 se termine sans que Rockefeller-Doheny aient réussi à entamer l'emprise britannique au Mexique.

À peine l'armistice est-il signé que le groupe anglais *Royal Dutch-Shell* prépare une offensive de grand style contre les pétroliers américains. L'objectif est le même que celui qui a échoué en 1912 : ceinturer en Amérique même, par des concessions britanniques, toute la production pétrolière américaine. L'attaque est générale. Disons en passant que Deterding, puissamment aidé par Gulbenkian, démonte un moment les pétroliers américains, enlevant des majorités d'actions dans le fief même de la *Standard Oil* aux U.S.A. Mais fixons notre attention seulement sur le Mexique.

Le créateur de la *Shell* et associé de Deterding, Samuel Marcus, manœuvre les finances et les Bourses pour atteindre Rockefeller et achète la *Mexican Eagle,* ses terrains, ses puits, ses installations, ses navires pétroliers au groupe anglais Pearson pour la somme de deux milliards et demi de francs-or. La *Shell Royal Dutch* se débarrasse du chef de la *Mexican Eagle,* M. Pearson, en l'envoyant siéger à la Chambre Haute britannique avec le titre de Lord Cowdray.

Manœuvrant dans tous les coins du monde à la fois, le trust britannique[24] est presque invincible : il faudra attendre 1944 pour que les Américains prennent leur revanche en exigeant, pour le paiement des fournitures de guerre, des actions des sociétés de pétrole britannique. N'entrons pas dans les détails, relatons simplement l'orgueilleuse déclaration faite en 1920 par Sir E. Mackay, relatant les résultats obtenus par les grands pétroliers anglais : « *Je puis dire que les deux tiers des gisements de pétrole exploités dans l'Amérique du Sud sont entre des mains anglaises. Le groupe Shell contrôle des entreprises dans tous les champs pétrolifères du monde : États-Unis, Mexique, Indes Néerlandaises, Roumanie. Égypte, Vénézuéla, Trinité, Indes, Ceylan, États malais, le nord et le sud de la Chine,[25] le Siam, les Détroits, les Philippines. Avant peu, l'Amérique sera obligée d'acheter à coups de millions de livres sterling aux sociétés anglaises l'huile dont elle ne peut se passer et qu'elle ne sera plus capable de tirer de ses propres réserves. À l'exception du : Mexique et d'une petite partie de l'Amérique Centrale, le inonde est solidement barricadé contre une attaque des Américains.*

Déclaration bien présomptueuse. Il ne faut que vingt ans pour démontrer la fragilité des prééminences économiques édifiées sur le pétrole.

---

[24] D'abord concurrents, les deux trusts britanniques *L'Aaglo Persian Oil* (devenu l'Anglo Iranian) et le *Shell-Royal Dulch,* ont opéré leur jonction et ne combattent plus qu'en commun pour la suprématie pétrolière britannique. *L'Anglo Iranian Oil* Co appartient en propre au gouvernement anglais.

[25] Certains lecteurs seront peut-être surpris de cette affirmation quasi officielle qui comprend, dans les puits de pétrole soumis à la *Royal Dulch,* c'est-à-dire au trust britannique, *Le Nord et le Sud de la Chine.* Cette précision est très importante et aide à comprendre, sans que nous soyons obligées de refaire une histoire (similaire à celle du Mexique) pourquoi la Chine fut un pays dans lequel la guerre a sévi à l'état permanent pendant 50 ans et pourquoi Londres a reconnu tout de suite Mao Tsé Toung, à la grande colère des États-Unis.

Les U.S.A. relèvent le défi et épaulent plus étroitement que jamais les pétroliers américains. Ils décident, un programme d'armements navals à outrance. La tension est extrême entre les deux pays et le monde, sans s'en apercevoir, est à la veille d'une guerre anglo-américaine à cause du pétrole. En hâte, on réunit la Conférence de Washington de 1920 pour apaiser les États-Unis sous le prétexte de limitation des armements navals, le véritable objet des grandes conférences internationales n'étant que rarement connu du public. La promesse faite aux U.S.A. est tenue à la Conférence de San Remo et le groupe gouvernemental anglais, l'Anglo *Persian* abandonne sa part 25 % du pétrole de Mésopotamie en faveur d'une filiale de la *Standard Oil*.

Mais les concurrents, malgré la fameuse formule de Monroè, demeurent sur leurs positions dans les Amériques et plus particulièrement au Mexique où l'on continue de se tuer cordialement pour tenter de juguler les exploitations adverses qui enregistrent un nouveau concurrent en la personne du gouvernement mexicain lui-même.

En 1929, un conflit met aux prises les pétroliers à propos des gisements de Poza Rica, au sud de Vera-Cruz, qui s'annoncent comme une exploitation plus rémunératrice que toutes celles connues à ce jour. La *Mexican Eagle* prétend que la concession lui appartient. La *Standard Oil of California* fait constater qu'elle exploite déjà deux puits en lisière sud de Poza Rica. La *Consolidated Oil* (du groupe américain Sinclair) montre ses puits qui fonctionnent depuis longtemps dans la région. Enfin, la *Petrome,* compagnie pétrolière appartenant au gouvernement mexicain, revendique la région et y fore des puits. Qui triomphera dans cette contrée dont on a déjà extrait près de 20 millions de barils de pétrole ? Personne ; chacun reste sur ses positions et quatre sociétés enchevêtrées exploitent le même gisement. Mais le gouvernement mexicain est irrité de se voir tenir en échec sur le territoire national.

Le feu couve partout. Des écrivains et des polémistes mexicains et sud-américains publient des ouvrages sur le pétrole mexicain, sur l'emprise des trusts étrangers, sur les batailles du capitalisme international avec la peau des Mexicains. Une prose éloquente, documentée, est en train de préparer lentement un terrain. Pour qui ? On ne sait pas encore, bien que la plupart des Mexicains croient que c'est pour le retour au Mexique de ses richesses nationales.

En juillet 1934 le gouvernement de Mexico publie une statistique fort curieuse (reproduite par A. Zischka) sur la répartition des richesses mexicaines par nationalité et par individu. Voici ce que cela donne :

Mexicains	192	dollars
Mexicains et étrangers	408	—
Étrangers	22.350	—
Anglais	188.845	—
Américains (U.S.A.)	97.368	—
Français	58.538	—
Canadiens	3.143	—
Allemands	11.624	—
Espagnols	4.185	—
Autres nationalités	8.104	—

Et Antoine Zischka commente judicieusement en ces termes : « 161.000 étrangers seulement .possèdent 3.616.195.864 dollars alors que 17 millions de Mexicains possèdent une somme globale inférieure, soit : 3.140.804.136 dollars. La conclusion qui s'impose est nette : au Mexique, le capital étranger est le maître absolu et 79 %

de ce capital étranger est investi dans des firmes s'occupant de l'exploitation du pétrole ».

Les observateurs croient discerner, sous cette xénophobie naissante (peut-être due à Trotzky réfugié au Mexique et entouré d'une cour politique qui répand ses idées sur le socialisme collectif), un réveil du patriotisme national : « Le Mexique aux Mexicains ». Les blasés ou les rusés ne se prononcent pas encore, eu égard à la lutte pétrolière anglo-américaine qui continue à se dérouler aussi implacablement, mais plus sournoisement. Une information de Londres, qui ne dépasse pas les milieux financiers, paraît donner raison à ce scepticisme. On apprend, en effet, fin 1935, que les milieux pétroliers de Londres sont vivement intrigués par la création, dans la capitale anglaise, d'une société au capital de 5.000 livres sterling, *The California Standard Oil Cy*, comprenant des administrateurs du groupe Rockefeller et une flotte indépendante de tankers qui lui permettra (l'importer ou d'exporter du pétrole. Les administrateurs de cette nouvelle société s'appellent MM. Berg, Collier, Tuttle et Davies qui sont déjà comme par hasard, membres de la *Standard Oil of California Cy*. La *Standard* s'installe-t-elle au cœur de la City pour mieux observer l'impérialisme du groupe Deterding et être présente au cas où *quelque chose* viendrait à H, produire ? Ou pour réexporter du carburant vers les U.S.A. en cas de *shortage* redouté à l'époque ? Il faut attendre le 18 mars 1938 pour connaître la réponse.

Fin 1936, les capitaux étrangers investis dans les exploitations de pétrole du Mexique se répartissent ainsi : américains 51,7 % ; britanniques 41,6 % ; mexicains, 5,2 % ; divers 1,5 %. Fait aggravant, pour l'amour propre des pétroliers américains, malgré un capital investi moindre, les Anglais détiennent la plus forte moyenne de production de pétrole !

En 1937 les ouvriers de la *Mexican Eagle* réclament une augmentation de salaires que la direction refuse de leur accorder. Le différend est proposé à l'arbitrage des tribunaux et, la campagne sur l'opinion publique aidant, le tribunal donne gain de cause aux ouvriers en publiant un rapport motivé qui met le feu aux poudres. On découvre que la *Mexican Eagle* a vendu au Mexique un carburant 171 %, 193 % et 350 % plus cher qu'à l'étranger suivant la catégorie. Les pétroliers devront payer les ouvriers non pas seulement suivant un tarif syndical journalier, mais aussi *suivant les bénéfices déclarés.*

Les pétroliers anglais repoussent la décision du tribunal. L'occasion est magnifique ; le Président Lazaro Cardenas décrète l'expropriation des compagnies pétrolières avec des attendus qui auraient mérité une large diffusion et dont nous détachons : « *Il ne faut pas que la souveraineté nationale soit contrecarrée par les manœuvres des capitalistes étrangers qui, oubliant qu'ils sont établis en tant que ressortissants mexicains soumis aux lois mexicaines, essaient d'échapper aux règlements et aux obligations qui leur sont imposés par les autorités du pays.* »

Cette décision était prise, en conformité avec la Constitution mexicaine de 1917.

Nous sommes le 18 mars 1938.

La décision de Lazaro Cardenas est un pur chef-d'œuvre et nous allons voir pourquoi.

L'expropriation des pétroliers étrangers secoue tout le Mexique. Voilà une mesure populaire qui réalise l'unanimité. Le coup de force présidentiel prend l'allure d'un événement national. Mexico illumine. Jusqu'au clergé mexicain qui se réjouit et ouvre une souscription publique dans les églises pour aider le gouvernement à payer les

« justes indemnités » aux sociétés expropriées. Mais comment allaient se comporter les gouvernements des puissantes compagnies éjectées par l'ukase de Cardenas ?

Le Président Roosevelt se tait. La diplomatie américaine admet que l'acte du Président Cardenas ne relève pas de la solidarité panaméricaine ni du bon voisinage. La presse américaine sans courroux, laisse entendre que des pourparlers vont être entrepris. Bref, la réaction américaine un peu molle, paraît manquer de profondeur.

Au contraire, à Londres, malgré les graves événements européens, le déchaînement contre le Mexique prend des proportions gigantesques. Le gouvernement britannique se déclare solidaire, non de la *Mexican Eagle*, « mais des actionnaires lésés par l'expropriation ».

Le président Cardenas répond en rappelant la formule imprimée sur les actions de la *Mexican Eagle* : « *Tout étranger qui, en quelque temps que ce soit ou à quelque titre que ce soit, acquerra un intérêt ou une participation sociale dans cette société, sera automatiquement considéré comme Mexicain quant à l'un et quant à l'autre. Il reste entendu qu'il renonce à invoquer la protection de son gouvernement pour défendre un tel intérêt ou une telle participation et, cela, en cas de violation de cet engagement, sous peine de les perdre au bénéfice de la nation mexicaine.* »

À ce sujet, M. Raymond A. Dior[26] rappelle la note britannique adressée au gouvernement français à l'issue de la conférence de Gênes, en 1922 à propos des pétroles soviétiques pour lesquels Deterding croyait obtenir, par un accord secret, le monopole de la vente et de l'exportation : « *Tout État possède le droit d'expropriation, quelle que soit la nature*

---

[26] Le Pétrole et la guerre (déjà cité).

de la propriété privée, contre payement d'une juste indemnité... Que le gouvernement russe restitue la propriété privée saisie par lui ou qu'il dédommage les propriétaires, c'est là une chose qui concerne seulement ce gouvernement».

Le précédent de Gênes, et la clause imprimée sur les actions de la *Mexican Eagle,* auraient dû interdire à Londres d'intervenir dans les affaires intérieures mexicaines. Cardenas demeurait dans une stricte légalité comme d'ailleurs, plus tard, le Dr Mossadegh en Iran. Les pétroliers anglais — et autres — ne sont jamais fair play... *surtout lorsque Londres apprend que les exploitations pétrolières américaines,* valant 28 milliards de francs, de l'époque, *ne sont pas nationalisées.*

Nous disions plus haut que la décision du Président Lazaro Cardenas était un pur chef-d'œuvre...

Cette fois, c'est le groupe américain qui commence à prendre une revanche au moment où la Grande-Bretagne, occupée avec Hitler et Mussolini, ne peut que se contenter de protestations par la voie diplomatique, fort heureusement pour le Mexique. Le pétrole mexicain sera d'ailleurs le point de départ de la « remontée » du groupe pétrolier américain au détriment du groupe britannique.

Dans la réponse à la deuxième note britannique, le Président Cardenas termine ainsi sa lettre : « *Mon gouvernement est aussi désireux que quiconque de voir la question réglée et a demandé à la Compagnie d'envoyer des représentants pour fixer le montant et les conditions de paiement de l'indemnité. Rien ne peut être fait avant que celle dernière condition ait été remplie* ».

Le président Cardenas fait savoir que le Mexique serait disposé à adopter le système suivant pour liquider la question de l'indemnisation : 10 le montant de l'indemnisation sera fixé avec ou sans le concours des compagnies expropriées. Le ministre des Finances a invité ces compagnies à participer aux travaux de la conférence chargée de fixer le montant de l'indemnité ; ' ?° le montant de l'indemnité sera divisé en dix fractions correspondant au délai de dix années indiqué par la loi fédérale d'expropriation ; 30 40 % de la production pétrolière mexicaine seront affectés aux besoins du marché intérieur mexicain, les 60 % restant étant destinés à l'exportation seront remis aux compagnies expropriées pour garantir l'indemnisation.

L'opération était bien comprise ; bien mené, le retour à l'État mexicain des sociétés anglaises expropriées n'aurait pas dû coûter un sou aux contribuables mexicains, puisque les bénéfices de dix ans couvraient largement les frais d'installation indemnisés. Hélas, l'État est partout l'État, il est mauvais commerçant et ses serviteurs ne sont pas toujours désintéressés.

L'indemnisation importe peu à Londres qui ne veut que la restitution des sources de pétrole à la *Mexican Eagle*. Cette mauvaise humeur incite le Foreign Office à multiplier les agaceries au gouvernement mexicain. Une note impérative du 11 mai 1938, réclame à Mexico le paiement immédiat d'une somme de 371.000 pesos due par le gouvernement mexicain aux ressortissants britanniques du fait des révolutions survenues entre 1910 et 1920. En réponse à cette revendication comminatoire, le Président Cardenas rompt les relations diplomatiques avec la Grande-Bretagne.[27]

---

[27] Les indemnités dues pour les mêmes faits aux ressortissants français et italiens résidant au Mexique furent payées le même jour par chèques aux représentants de la France et de l'Italie à Mexico. Il est à remarquer que ces deux pays n'avaient adressé aucune réclamation pour le retard apporté dans ces paiements. Humour mexicain !

À la veille de la guerre avec l'Allemagne, les pétroliers anglais faisaient commettre de lourdes erreurs au Foreign Office... En effet, les tankers britanniques et canadiens boycottent le Mexique. Les exportations de pétrole mexicain, de deux millions de barils en février 1938, tombent à un million en avril. Les Anglais repoussent ce qu'ils appellent le « pétrole volé ». Le Mexique embarque son carburant sur des pétroliers appartenant à toutes les nationalités ; il vend 5 % meilleur marché que les Anglais ; aussi l'Allemagne et l'Italie s'empressent-elles d'accueillir les envois mexicains repoussés par les pays d'influence britannique et le Reich nous revend, *en devises, 50 % du* pétrole qu'il troque aux Mexicains contre les marchandises allemandes.

L'axe Rome-Berlin-Tokio emmagasine tout ce qu'il peut de ce pactole de pétrole meilleur marché. Le tonnage des exportations qui fléchit quelques mois, ne va pas tarder à se redresser grâce à la conflagration générale.

La Grande-Bretagne n'a pas digéré le coup de force du Président Cardenas, témoin cette anecdote extraite d'un journal financier parisien du 10 juillet 1938 :

« La vente de pétrole mexicain au Reich, par l'intermédiaire de la firme américaine *Davis and C°* vient d'avoir une conséquence inattendue. M. William Rhode Davis était administrateur de la *Parent Petroleum Interest*, une filiale de la puissante *London and Thames haven Oil Wharves* qui contrôle, entre autres, la *Compagnie Industrielle Maritime* du Havre.

« Mais le groupe anglais a semblé extrêmement choqué de ces transactions opérées par son associé américain sur du « pétrole volé ». La séparation vient de se faire, et la *London and Thames Haven* annonce qu'elle rachète, pour deux millions de livres sterling, la participation étrangère — surtout celle de M. Davis — dans la *Parent Company*. D'autre part, elle revend pour 250.000 livres ses intérêts en Allemagne et en Scandinavie, achetés jadis à M. Davis, et qui comprennent notamment des installations de raffinage.

« Ainsi les Anglais ne veulent à aucun prix avoir l'air de toucher ou même de raffiner le pétrole vendu par le gouvernement mexicain. »

Le rédacteur anonyme de cet entrefilet termine par ces mots : « *Si c'est vraiment par esprit de moralité commerciale, tirons notre chapeau* ». Quant à nous, nous pensons que le patriotisme et l'affairisme ont de singulières et heureuses coïncidences, car en se débarrassant (pour 250.000 livres sterling) de ses intérêts en Allemagne et en Scandinavie, le groupe anglais a opéré une singulière récupération préventive... quelques mois avant la deuxième guerre mondiale.

Ainsi se terminent, provisoirement, cinquante ans d'histoire mexicaine. Le Président Cardenas ayant battu le général Cédillo (qui se révolta si opportunément après l'acte d'expropriation des compagnies pétrolières anglaises) puis maté le soulèvement du gouverneur de San Luis de Potosi (en tout quelques milliers de cadavres mexicains de plus), a été un fin politique. L'avenir nous dira si lui, ou ses successeurs, ne trouveront pas un « Popski » quelconque qui se hâtera de réintégrer les sociétés britanniques en chassant, cette fois, les sociétés américaines. Tout, dans ce domaine, est toujours possible, car les initiés ne sont pas dupes ; le « monopole d'État » du pétrole mexicain est, avant tout, un monopole d'État à direction occulte américaine.

IX

SIMPLE ANECDOTE BRÉSILIENNE

Les histoires des luttes occultes pour les sources de pétrole se répètent souvent et leur narration risquerait de devenir fastidieuses. Pour beaucoup d'entre elles, il n'y aurait que les noms et les lieux à changer. Aussi avons-nous choisi essentiellement des pays aux aventures typiques pour que l'on comprenne mieux les manières de gouverner le monde des grandes congrégations économiques internationales.

Voici une anecdote de l'histoire économique du Brésil.

En décembre 1942, la presse américaine, sous des manchettes sensationnelles, « révèle » la découverte de gisements pétrolifères au Brésil, dans la région d'Alagoas. Cette information fait grand bruit... grand bruit pour le public non averti, car les pétroles d'Alagoas ont un début d'histoire jusqu'alors tenue secrète.

Depuis longtemps, comme la plupart des terres d'Amérique du Sud, le Brésil est reconnu comme un pays riche en espérances pétrolifères. Les trusts américains savent à quoi s'en tenir, mais, fidèles à leur tactique d'exploiter à fond les régions hérissées de derricks avant de mettre en valeur d'autres gisements (afin de ne pas provoquer une baisse des cours par un afflux de carburant), ils considèrent le Brésil comme une réserve en cas de « shortage », c'est-à-dire de disette de pétrole.

Le Brésil possède donc des richesses minières reconnues mais inexploitées. Après une courte lutte d'influence entre Anglais et Américains, ces derniers acquièrent la prépondérance au Brésil au moyen d'entreprises commerciales visant les transports et les installations portuaires. Rio de Janeiro, après avoir tenté de s'insurger, comprend vite que soutenir les intérêts des pétroliers britanniques contre les Américains lui causerait de multiples ennuis ; il se souvient qu'à un moment donné, le café brésilien

— la grande richesse nationale — ne trouva plus, comme par hasard, d'acquéreurs sur le marché mondial et que l'on se servit du café vert pour alimenter les foyers des locomotives. La leçon lui suffit et, un coup d'État opportun instaura un gouvernement résolument partisan de la doctrine de Monroe. Depuis, la production de café du Brésil ne connut plus de graves crises de mévente et le pays ne fut plus secoué par les rébellions politiques qui coupaient les voies et sabotaient, la puissance politique centrale.

Cet ordre établi, et rétabli, n'empêche pas les Brésiliens indépendants de songer à leurs gisements pétrolifères. Pourquoi, pensent-ils, les Américains nous envahis sent-ils avec leur carburant quand nous pouvons produire nous-mêmes du pétrole à bien meilleur marché puisque non obéré d'un prix de transport par mer ? Cette thèse est soutenue par quelques conseillers d'origine allemande, car le Brésil a accueilli des émigrés germaniques qui n'ont pas voulu vivre dans leur pays vaincu au lendemain de la guerre 1914-1918. Il est permis de supposer que les Allemands qui, de loin, s'intéressent à ce projet, visent peut-être avec beaucoup plus de précision les conséquences d'un Brésil maître et libre de son carburant. Bref, un groupe financier brésilien est créé, à Rio de Janeiro, la *Companhia Petroleo Nacional* et la fièvre du pétrole s'empare des milieux brésiliens qui croient que leurs richesses minières sont si étendues qu'elles suffiront à battre en brèche tous les pétroliers existants ; la région d'Alagoas est réputée et reconnue comme la contrée devant donner d'immédiats et sûrs rendements.

L'ingénieur *allemand* José Bach est chargé par la *Companhia Petroleo Nacional* de prospecter l'État d'Alagoas. Il commande un outillage spécial, engage des ouvriers dans les villes de Maceio et de Muricy et commence d'enfoncer sa première sonde dans la région de Riocho Doce à 14 kilomètres de la côte Atlantique.[28] Les puits se multiplient dans le désert de Riocho Doce et José Bach ne tarde pas à communiquer à la société que la prospection s'annonce sous les meilleurs auspices. L'optimisme fleurit à Rio de Janeiro.

Mais les travaux de Bach ne se déroulent pas avec discrétion. Les agents pétroliers américains, qui ont des postes d'observation dans tout le Brésil, s'émeuvent des sondages effectués hors de leur contrôle en Alagoas. Ils réalisent immédiatement le danger qui naîtrait d'un succès de l'entreprise, car, pour mener le carburant jusqu'à un port d'embarquement, il suffirait d'un pipe-line d'une vingtaine de kilomètres (il avait fallu 1.000 kilomètres en Mésopotamie !) ce qui serait peu de chose dans les frais généraux : donc prix de revient ridiculement bas. Immédiatement, ils alertent leurs supérieurs et, peu de temps après, le matériel que José Bach continue à recevoir est saisi par la douane brésilienne à son débarquement à Maceio. Après de longues et multiples démarches auprès du ministre de l'Agriculture brésilienne, les dirigeants de la *Companhia Petroleo Nacional* obtiennent la levée de

---

[28] Cette documentation s'inspire, pour le principal d'une étude de la *Documentation Hebdomadaire*, n° 48 (1943).

l'embargo sur le matériel de prospection minière et l'ingénieur allemand peut poursuivre et intensifier ses travaux qui donnent d'excellents résultats.

Les pétroliers américains interviennent de plusieurs côtés à la fois, suivant leur tactique habituelle, pour être certains qu'au moins une de leurs manœuvres atteindra le but recherché. Des sabotages, des malfaçons, des « erreurs » se produisent sur les chantiers de Riocho Doce ; les ouvriers noirs se mettent en grève, certains désertent l'exploitation. Le coup est classique : Bach perd du temps.

Parallèlement, de mystérieuses influences s'exercent au sein même du gouvernement brésilien et plus particulièrement au *Departemento Nacional da Produçao Minerai* qui supervise tout le Brésil en matière de forage et de production minière. Les échantillons de naphte remis pour contrôle et expertise à ce Départemento sont volés et les fonctionnaires ne se pressent pas de les rechercher, prétendant qu'ils se sont égarés et qu'ils les retrouveront un jour. Un journaliste de Rio de Janeiro qui a entrepris un reportage « sensationnel n sur Riocho Doce est prié de cesser d'écrire des articles sur ce sujet. José Bach reçoit des lettres de menaces lui enjoignant de renoncer à ses travaux sous peine de mort ; il continue et, à plusieurs reprises, il sort presque miraculeusement d'attentats manqués. Le *Departemento Nacional de Produçao Minerai* fait enfin savoir qu'il enverra sur place une commission technique officielle qui statuera sur les suites à donner à l'exploitation pétrolifère.

José Bach n'en poursuit pas moins ses forages et bientôt sa première sonde atteint le naphte qui jaillit et encombre rapidement les modestes réservoirs de Maceio construits à cet effet. Il faut prendre une décision pour étendre les installations, car le liquide est tellement abondant que les réservoirs prévus seront bientôt insuffisants.

Or, le *Departemento Nacional de Produçao Minerai* se complait dans l'inertie et le silence. Bach télégraphie à sa compagnie, à Rio de Janeiro, la pressant de hâter l'autorisation définitive ; et les dirigeants obtiennent l'envoi de la fameuse commission officielle.

Lorsque les techniciens arrivent à Riocho Doce, le chef de la mission montre ses papiers à José Bach. Ces papiers informent le directeur de l'exploitation que l'enquête de la commission technique devra se dérouler en dehors des ingénieurs de la *Companhia Petroleo Nacional* et même en dehors de la présence des ouvriers travaillant sur les chantiers. Bach s'insurge contre de telles prétentions, mais il doit s'incliner. L'enquête dure trois semaines et quand les techniciens officiels quittent les lieux, on s'aperçoit que deux forages ont été bouchés avec des fers et du ciment, Bach, furieux, entreprend de réparer les sondes détériorées et il apprend par sa compagnie, que la commission officielle a déposé son rapport qui conclut dans un sens défavorable à la continuation de l'exploitation en décidant d'attendre.

Quelques jours après, l'ingénieur allemand José Bach est retrouvé noyé dans le Rio Moxito et personne n'a jamais pu donner une version plausible de cette fin tragique qui arrangeait si bien les affaires de beaucoup de gens, sauf celles des Brésiliens.

La *Companhia Petroleo Nacional*, qui sait à quoi s'en tenir sur toutes ces manœuvres, ne se décourage pourtant pas. Elle fait appel à de nouveaux capitaux et envoie, pour succéder à José Bach. un ingénieur brésilien, Pinto Martins, qui est non seulement un technicien de valeur, mais aussi un ardent patriote. Il déclare qu'il veut que son pays s'affranchisse de la tutelle étrangère en matière de carburant pour y gagner en indépendance politique. Pinto Martins voit très clair dans la lutte pour les pétroles et sait les risques qu'il court en voulant fait jaillir, contre tous, le pétrole brésilien.

Lorsque Pinto Martins arrive à Riocho Doce, il étudie avec soin les plans et les notes de José Bach et interroge longuement les contremaîtres des chantiers. À peine se met-il au travail que le gouvernement de la province d'Alagoas envoie des troupes et fait occuper militairement les chantiers de pétrole, paralysant ainsi toute l'exploitation. Pinto Martins proteste, demande des explications, alerte Rio de Janeiro, mais le silence ou des réponses évasives accueillent ses doléances. Les semaines s'écoulent sans changement de situation, les troupes du gouverneur d'Alagoas ne se décident pas à évacuer les lieux.

Nous avons dit que l'ingénieur Pinto Martius est un Brésilien, ardent et obstiné. Dans ce pays aux appétits politiques toujours latents, il n'est pas difficile de « stimuler » des adversaires politiques. Une révolution régionale ne tarde pas à déferler en Alagoas et le gouvernement est obligé de s'enfuir ; il est bientôt remplacé par un successeur qui s'empresse de donner aux troupes l'ordre d'évacuer la région pétrolifère de Riocho Doce et Pinto Martins peut recommencer à faire couler le pétrole vers Maceio avec une ardeur renouvelée.

Les sabotages et les obstructions reprennent, mais Pinto Martins répond du tac au tac ; natif du pays, il tient mieux son personnel en main que José Bach et son énergie en impose dans les chantiers. Le résultat est obtenu, Riocho Doce évacue un tonnage de carburant qui ne peut plus être passé sous silence dans l'économie brésilienne. La *Companhia Petroleo Nacional* a le sourire, elle est maintenant assurée du succès, le Brésil aura ses propres ressources de pétrole et les pétroliers américains pourront bientôt diriger leurs tankers vers d'autres pays.

Pinto Martins ne pense pas que ce calme durera malgré le système de sécurité installé dans ses concessions. Il s'attend encore à tout sauf à ce qui va lui arriver. Un jour il reçoit une notification du *Departemento Nacional de Produçao Minreal*, dirigé par

M. Fleury da Rocha l'avisant que « l'intérêt supérieur de la nation brésilienne exige l'acquisition par l'État de terrains pétrolifères de l'Alagoas ». Martins relit plusieurs fois la communication officielle. Il comprend. Riocho Doce, malgré toutes les pressions, ne pouvant être réduit au silence, une opération « par la bande » décrétait le pétrole monopole national ; alors, par le truchement des hommes politiques influençables, lorsque les concessions deviendront propriété de l'État brésilien, la technique officielle s'arrangerait pour étouffer Riocho Doce. L'affaire est d'autant plus singulière que, seule, la région d'Alagoas est visée par le Departemento.

Pinto comprend, mais refuse de s'incliner. Il proteste, M. Fleury da Rocha lui répond que cette décision est dictée par des « considérations militaires et stratégiques ». L'ingénieur rétorque que ces considérations sont pour le moins bizarres pour ne se manifester que lorsque l'exploitation de Riocho Doce se trouve en lutte avec les pétroliers américains de la *Standard Oil*. Le directeur du *Departemento National de Produçao Mineral* maintient ses positions et fait appel aux sentiments de l'ingénieur en spécifiant « qu'un Brésilien patriote ne peut pas s'opposer décemment aux motifs invoqués ».

Pinto Martins jauge à leur juste valeur ces « sentiments patriotiques », s'indigne et menace de porter le débat devant l'opinion publique brésilienne. L'ingénieur devient un

homme très gênant d'autant plus qu'il rédige un manifeste à
l'adresse du ministre de l'Agriculture qu'il se propose
d'aller remettre personnellement à Rio de Janeiro. Avant
de partir, il communique à ses amis de copies de son
manifeste dont nous détachons :

« ... J'ai l'honneur de faire savoir à Votre Excellence que le
Département des Mines exige la remise des sources de pétrole de
Riocho Doce. J'ai l'impression que celle mesure ne résulte pas d'une
procédure officielle. Des bruits qui circulent laissent conclure à
l'activité de manigances occultes. Il est regrettable que le
Departemento National de Produçao Minerai prête la main à ces
milieux... »

Pinto Martins emporte les documents, les plans et
les notes de José Bach pour discuter avec le ministre et
essayer de lui démontrer toute l'importance pour le Brésil
des travaux de Riocho Doce. Il glisse un browning dans sa
poche et prend un avion de la Panamerican Airways qui le
conduira plus rapidement dans la capitale brésilienne.
Ultime coïncidence, Pinto Martins trouve la mort au cours
de son voyage en avion et ses documents sont détruits ou
volés, en tout cas introuvables.

Cette fois, la *Companhia Petroleo National* ne s'obstine
plus. Elle ne songe plus qu'à limiter les dégâts et s'inquiète
des conditions de rachat de Riocho Doce que la
« nationalisation » lui arrache. Le *Departemento National de
Produçao Minerai* envoie en Alagoas une autre mission de
techniciens brésiliens *accompagnés de trois spécialistes américains.*
L'avis de la commission est formel, Riocho Doce ne
présente qu'un petit gisement sans importance dont le
rendement ne peut être que déficitaire ou tellement
négligeable qu'il ne vaut pas la peine d'être exploité. Et
l'on commence à démonter les sondes après avoir bouché
les puits. Le Brésil demeure et demeurera sous l'entière

dépendance du pétrole étranger, ce qui est le plus sûr moyen de pression politico-diplomatique.

Guerre 1939-1945. Les sous-marins allemands opèrent dans les mers de l'Amérique Centrale et torpillent des navires pétroliers. Les États-Unis ont besoin de leur propre carburant pour l'essaimer .dans le Pacifique ; les flottes, les avions, les engins blindés, les Jeeps sont de gros mangeurs d'essence. Le gouvernement de Washington pense, en premier lieu, aux besoins pour la défense nationale des Alliés ; les envois de carburant vers les pays secondaires se raréfient. L'essence manque, gêne l'économie des pays satellites des U.S.A. et, tout particulièrement le Brésil, pays de vastes étendues sans communications ferroviaires en rapport avec sa' superficie. Or le Brésil est un ami dévoué de Washington, voisin d'un autre pays, l'Argentine, qui résiste depuis toujours à l'influence du capitalisme américain. À tout prix, il faut éviter de mécontenter le Brésil.

Alors, en décembre 1942, des titres « sensationnels » apparaissent dans la presse américaine ; on vient de découvrir des gisements pétrolifères dans l'État brésilien d'Alagoas qui permettront au Brésil de ne pas manquer de carburant. Des bateaux bourrés de matériel et de personnel américain partent de New-York et arrivent à Maceio. On fait reculer la brousse qui a repris ses droits depuis la mort de Pinto Martins, on débouche les sondes, on fore de nouveaux puits et, bientôt, le pétrole brésilien recommence à couler. Mais cette fois, du pétrole sous contrôle américain !

Et c'est ainsi que, seul des «Alliés» d'Amérique du Sud, le Brésil envoya un brave corps expéditionnaire de soldats brésiliens pour la libération de l'Europe ce qui valait mieux que de chercher à libérer le Brésil...

En 1954, le Président Vargas, chef d'État du Brésil, meurt tragiquement au cours d'une rébellion à laquelle il ne veut pas céder. Une presse intéressée a présenté Vargas comme un « dictateur ». Dans son testament politique Vargas s'excuse de ne pas avoir accompli assez de réformes pour le peuple.. La presse de gauche se tait. Seul, un grand hebdomadaire parisien illustré évoque, oh, très légèrement, la véritable cause du drame. Vargas, conquis aux réformes sociales cherche de l'argent pour les réaliser. En toute indépendance, il se penche sur les bénéfices des compagnies pétrolières étrangères. Il envisage une nationalisation des pétroles au profit de l'État brésilien... Et le correspondant de l'hebdomadaire en question écrit : « On n'ignore pas, ici, la part des pétroliers américains dans la chute de Vargas ».

Nous entendrons encore parler du Brésil...

X

DU VÉNÉZUELA AU GRAN CHACO ET EN ARGENTINE

En 1929, le Vénézuéla devient le deuxième producteur du monde de pétrole avec 138 millions de barils.

Ce simple énoncé suffit à laisser entrevoir les luttes titanesques que se livrent les deux concurrents éternels pour la possession des sources de pétrole. Quelles étaient, en 1939, les positions des pétroliers étrangers au Vénézuéla ?

Groupe américain *(Standard Oil* et « indépendants ») : *Créole Syndicale, Lago Oil and Transport Cy, Panamerican Oil and Transport Cy, Gulf Oil Cy, Venezuela Petroleum.*

Groupe britannique *(Royal Dutch-Shell* et gouvernement britannique) : *Venezuelion Oil Concession. Carribean Petroleum Cy, General Asphalt, British Controlled Oilfields, Anglo-Iranian Oil.*

Le groupe américain contrôle environ 55 % de la production du Vénézuéla, le groupe anglais 40 %, et divers petits producteurs indépendants (dont *Les Pétroles de Caracas* (affaire française entre les mains de l'Arménien C. Gulbenkian) 5 %.

La lutte oppose longtemps les producteurs américains car A. Mellow *(Gulf Oil Cy)* et H. Sinclair *(Venezuela*

Petroleum) étaient mal supportés par la *Standard* de Rockefeller. Par contre, dès 1921, la Grande-Bretagne entreprend la fusion des exploitants britanniques au Vénézuéla qui entrèrent dans le giron de la *Royal Dutch-Shell.*

Ecrire l'histoire des pétroles du Vénézuéla paraîtrait un peu fastidieux après les aventures pétrolières du Mexique. Le seul point particulier est la « parfaite »organisation du général Gomez, dictateur du Vénézuéla, qui fut, assurent les témoins neutres, « le plus cruel des tyrans du XXe siècle ». Il fit tout pour les pétroliers étrangers, réduisit son peuple en esclavage, à la condition que ses caisses se remplissent ; et elles se remplirent au delà de toute imagination grâce aux redevances perçues sur l'extraction du pétrole et aux fortunes que lui versèrent tour à tour

Britanniques et Américains pour obtenir des concessions et des facilités d'exploitation. On a appelé Gomez le « Président des routes » ; cet homme avisé n'hésita jamais à jeter des milliers de prisonniers politiques à travers les malsaines forêts tropicales pour tracer de larges avenues afin de faciliter aux pétroliers l'accès des régions pétrolifères. Pour lui, plus le pétrole jaillit, plus ses bénéfices s'enflent ; et peu lui importe les vies des Indiens que l'on embauche *manu militari* pour débrousser les forêts marécageuses. Antoine Zischka[29] a évoqué en toute indépendance, courtement mais d'une façon saisissante, un aspect quasi inconnu du Vénézuéla :

« ...Le Vénézuéla est deux fois plus grand que la France. Il a trois ou quatre millions d'habitants, personne ne peut le préciser car les Blancs n'ont jamais mis le pied

---

[29] La guerre secrète pour le pétrole (ibid.).

dans une grande partie du pays. La frontière du côté de la Colombie n'est connue que par des photos prises en avion. Tout ce pays appartient à un seul homme, le général J.-V. Gomez, président du Vénézuéla, l'homme le plus riche de l'Amérique du Sud, le plus détesté et le plus puissant des dictateurs de notre temps.

« Caracas est la capitale officielle du Vénézuéla. C'est par hasard que j'ai pénétré dans la véritable capitale (Maracay) le « Versailles » vénézuélien. Maracay était, il n'y a pas longtemps, un petit bourg de province pauvre et sale, à trois cents kilomètres de Caracas... Gomez en fit sa résidence. En sept mois, quatre-vingt-deux nouveaux bâtiments furent construits dans cette plaine malodorante. Un palais gouvernemental surgit du sol ; deux cents chambres avec salles de bains donnant sur une plaza plus grande que la place de la Concorde à Paris. Six nouvelles casernes, rues asphaltées, jardin zoologique privé pour le général, des piscines, des jardins. Comme tout au Vénézuéla, ce « Versailles » fut bâti par des bagnards.

« Maintenant on donne des fêtes somptueuses à Maracay. Toute la cour de Gomez y a élu domicile. Des centaines d'autos américaines, parmi les plus chères, des milliers d'agents secrets. Là, chacun fait surveiller chacun et tout le monde est gardé par les agents du général. Car le président Gomez n'est pas seulement l'homme le plus riche de l'Amérique du Sud, il est aussi le plus méfiant et, certainement le plus dépourvu d'égards... Non seulement il a su réaliser la meilleure affaire qui était possible, faire réussir une révolution mais il a su garder sa position, une fois qu'il l'eut conquise, grâce à une flotte de guerre toujours prête à partir, à des routes modernes, à un service d'espionnage merveilleusement organisé ; et à l'argent qu'il reçoit de Deterding... dont il recède une partie à ses amis.

« ...Gomez était un homme de peu d'importance avant son heureuse révolution. Il s'est promu général lui-même... Sa puissance vient du fait que ses richesses font vivre tous les fonctionnaires du Vénézuéla, tous ses amis et des milliers de parasites. Qui oserait tenter une révolution contre Gomez ? A Paris, vivent trois mille Vénézuéliens pour la simple raison qu'au Vénézuéla ils ne vivraient déjà plus. La peine de mort n'existe pas dans la république de Gomez, mais il y a des régions où sévit la malaria, il y a des prisons, le Fort San Carlos par exemple, où le flot submerge chaque matin les cellules et où les détenus sont dans l'eau jusqu'à la poitrine...

« ...Chaque matin des péones affamés amènent aux abattoirs de Valencia, Palma Sofa ou Coro, plusieurs milliers de pièces de bétail qui appartiennent toutes au président. Ce bétail pâturait sur les immenses llanos, les steppes appartenant au gouvernement, c'est-à-dire à Gomez...

« Macaraïbo... des villas les plus luxueuses du monde, des clubs et des terrains de golf. Des conduites d'eau particulières amènent l'eau des montagnes jusqu'aux maisons des magnats du pétrole ; une de ces conduites qui alimente une magnifique piscine a cent quarante-sept kilomètres de long... Les petites gens doivent acheter l'eau des lagunes que les gamins de la ville puisent avec de vieux bidons d'essence et transportent à dos d'âne dans les rues... un bidon de cette eau tiède et huileuse coûte dix centavos, soit environ deux francs.

« ...On éprouve les forces des esclaves des prisons jusqu'à leur dernière goutte de sueur... On rencontre partout des hommes aux oreilles fendues. La partie supérieure du lobe pend inerte ou bien est absolument sans vie. Ce sont des gens dont on a voulu réveiller un peu la mémoire en leur nouant autour du front un ruban de lin grossièrement tressé qu'on tord fortement derrière la tête. Le crâne est compressé jusqu'à ce que les oreilles se brisent. L'homme ainsi torturé avoue tout ce qu'on veut... non seulement ses propres crimes, mais ceux des autres...

« L'État a grand besoin d'esclaves, de forçats pour la construction des routes, pour les champs de pétrole et pour les édifices du « Versailles vénézuélien ». Sur ces routes, les autos blindées peuvent aller partout où l'on marque par trop son manque de sympathie pour le général Gomez. Sur ces routes les soldats peuvent rentrer chez eux ; soldats que l'on recrute à un bout du pays pour les envoyer à l'autre et qui, nus, à moitié morts de faim, toujours sans chaussures, doivent retourner dans leur village natal en mendiant leur pain sur les routes, une fois leur service militaire terminé. »

Le prologue de Zischka servira de commentaire à cette citation : « Le Vénézuéla constitue le meilleur exemple d'une république du pétrole. On peut y voir d'une manière plus frappante que nulle part ailleurs ce que le pétrole peut faire d'un peuple.

Ce sinistre tableau aurait manqué à notre anthologie pétrolière et aidera peut-être à comprendre nos desseins en écrivant cet ouvrage. Si l'esclavage blanc des forces pétrolières revêt plus de formes dans les pays civilisés qu'au Vénézuéla, il n'en demeure pas moins exact que certaines guerres et certaines révolutions de ces cinquante dernières années poursuivent le même but qu'au pays de l'ex-président Gomez, le dictateur aux trois cents bâtards et... membre du tiers-ordre de Saint François.

Si Gomez a su tenir assez longtemps la balance à peu près égale entre les pétroliers américains et les pétroliers britanniques, une situation préférentielle était dévolue au groupe anglais qui avait réalisé l'union et l'unification des exploitants anglais. Or, cette union n'existait pas toujours dans le groupe américain non avalisé, à l'époque du dictateur, par le gouvernement de Washington. Mécontents de cette faveur pro-anglaise, les pétroliers américains aidaient bien souvent des Vénézuéliens, idéalistes ou non, à essayer de renverser la dictature de Gomez. Ce fut le cas de Rafael Urbina. Maintes fois on a conté la périlleuse entreprise de cet aventurier, mais on a presque toujours oublié de préciser que ses armes et ses partisans furent transportés au Vénézuéla par un cargo américain de la *Red Line*... Après Urbina, il y eut bien d'autres tentatives infructueuses, octobre 1945, novembre 1946.

Le dictateur paraissait indéracinable, on a eu recours à d'autres manœuvres comme celle qui se déroula au Mexique. Une grève éclate. Les ouvriers vénézuéliens sont las de leur misère, de leurs traitements de famine, eu égard aux milliards qu'ils aident à faire entrer dans les caisses des pétroliers. Gomez vient de mourir, son successeur sur lequel on fondait beaucoup d'espoirs, poursuit la même politique que son prédécesseur ; alors, il faut essayer de l'ébranler avant que son influence personnelle grandisse. Les grévistes présentent un programme de revendications sociales : suppression des monopoles, expropriation de la *Royal Dutch-Shell*, suppression des prisons politiques, institution du culte de Bolivar, le héros libérateur de cinq nations opprimées par les féodaux espagnols.

Les pétroliers ne voient aucun inconvénient à la déification de Bolivar, mais ils refusent d'admettre, dans leurs exploitations, le code du travail en vigueur dans le pays. Les grévistes, que les informations de presse qualifient de « communistes », répondent en demandant l'abrogation des engagements pris par Gomez. Contrairement au Mexique, cette histoire n'a pas de suite et, comme le prouve une information cueillie dans un organe financier, la politique pétrolière étrangère continue à se superposer à la politique générale du Vénézuéla. Voici l'entrefilet publié le 22 mars 1936 « Les compagnies pétrolières, et, notamment la *Venezuelan Oil Concessions*, principal fournisseur de pétrole brut du groupe *Royal Duch*, appuient vigoureusement la campagne menée au Vénézuéla par les éléments dévaluationnistes. Cette campagne, à buts apparents humanitaires, présente la dévaluation du bolivar comme le salut de la population agricole productive de café, de sucre et de maïs. Mais ce qui importe surtout aux pétroliers, qui sont les animateurs de cette campagne, c'est de réduire les prix de revient du pétrole vénézuélien qui leur paraissent aujourd'hui trop élevés. »

Et c'est ainsi que le bolivar, monnaie vénézuélienne, fut dévalué...

La guerre 1939-1945 a amenuisé l'emprise britannique au Vénézuéla au profit des groupes américains, mais, en 1948, quand Gulbenkian fait la paix avec le trust britannique, il lui cède sa majorité dans la *Venezuelan Oil* C° qui assure au groupe anglais une nouvelle et importante situation au Vénézuéla.

Car, le Vénézuéla, avec 92 millions de tonnes de pétrole est le deuxième producteur mondial de naphte (après les États-Unis).

*

*   *

Du Vénézuéla, passons dans des petits États voisins du Nord de l'Amérique du Sud, c'est-à-dire en Bolivie et au Paraguay divisés, depuis 1929, pour la possession de la contrée désertique du Gran Chaco.

Qu'est-ce que la Bolivie ? Un pays possédant des terrains pétrolifères qui, exploités ou non, sont entre les mains de la *Standard Oil Cy of Bolivia,* filiale de la fameuse *Standard* américaine. Les mines d'étain boliviennes appartiennent à des sociétés à majorité américaine. Toute la dette extérieure de la Bolivie se trouve entre les mains des financiers américains ; la Bolivie, ne pouvant payer ses dettes, a donné, en gages, ses chemins de fer et ses douanes aux Américains. En résumé, la Bolivie est devenue une factorerie des U.S.A.

Son voisin, le Paraguay, n'a pas encore trouvé, peut-être faute de prospection, du pétrole clans son sous-sol. En revanche, c'est le pays réputé le plus belliqueux des Amériques. Les Paraguayens se battent pour le plaisir de se battre, témoin ce conflit qui, en 1871, l'opposa à une puissance triplice, l'Argentine, le Brésil et l'Uruguay. Ce tout petit pays se battit comme un lion contre ces États puissants et ne déposa les armes que lorsqu'il n'eut plus de soldats valides, raison pour laquelle le Paraguay demeura longtemps le seul pays au monde où la population féminine excéda des deux tiers la population masculine. Cette lutte ayant tari le trésor paraguayen (les armes et les équipements s'achètent en devises à l'étranger) et amputé notablement son territoire, il fallut, trouver de l'argent à l'extérieur. Des financiers britanniques consentirent des emprunts en prenant comme garanties les terrains agricoles du Paraguay et en exerçant une sorte de monopole d'achat, sur le cheptel paraguayen, monopole qui groupa à un certain moment, presque 90 % du bétail ; de plus, une société anglaise est la maîtresse des transports fluviaux du rio Parana et du rio Paraguay qui relient le pays, sans frontières maritimes, à l'Océan Atlantique. En résumé, le Paraguay est devenu un dominion de la Grande-Bretagne.

Telles sont, schématisées, les situations respectives des deux pays, au moment où pétroliers anglais et pétroliers américains se disputent les sources de pétrole du monde.

Les frontières des pays d'Amérique du Sud peu ou pas explorés dans leurs profondeurs, sont pratiquement assez imprécises sauf sur les cartes géographiques. Le Chaco est une immense région peu connue, de 165.000 kilomètres carrés, située entre la Bolivie et le Paraguay ; ces deux pays en réclament la propriété et tout particulièrement le Paraguay, surtout depuis qu'il a donné en garantie aux Britanniques des terrains qui ne lui appartenaient peut-être pas. Or, dans une des trois zones du Chaco, une société américaine a déjà foré des puits et le pétrole jaillit.

En 1929, première escarmouche. La Bolivie émet des timbres sur lesquels figure une carte avec le « Chaco boliviano ». Immédiatement le Paraguay riposte par une autre offensive philatélique du même genre où l'inscription « Chaco Paraguayo » est très lisible. Bolivie et Paraguay vont se disputer « l'enfer vert », c'est-à-dire les terrains pétrolifères du Gran Chaco, la première pour le compte des Américains, le second pour le compte des Britanniques. Boliviens et Paraguayens croyant fermement batailler pour leur prestige national respectif.

À l'époque, les organes qui n'osent pas prononcer le mot pétrole, essaient de donner des explications à cette guerre. Pour les uns, le Paraguay, trop à l'étroit, cherche à s'agrandir territorialement, théorie de l'espace vital ; pour les autres, les deux pays privés d'exutoires directs sur la mer cherchent à s'assurer une garantie de navigation fluviale. Tantôt on donne raison à l'un, tantôt à l'autre, suivant les susceptibilités des puissants à ménager. La Bolivie brandit des textes espagnols et des cartes pour assurer que le Chaco lui appartient. Le Paraguay répond que les vieilles cartes espagnoles sont inexactes et qu'il a colonisé quelques sections du Chaco à proximité du fleuve.

La Société des Nations, prise entre les intérêts américains et les intérêts anglais, lance des appels platoniques. Elle n'ose pas se prononcer et, le 29 juin 1932, les Paraguayens attaquent le fort bolivien de Laguna Chuquisaca.

Deux peuples vont s'égorger pendant de longs mois et un correspondant de guerre, très prudent, qui signe P. W. F., écrira en pleine guerre, le 22 août 1934 : « De nombreux rapports d'origines américaine et britannique sont d'accord pour reconnaître que la *Standard Oil Cy de Bolivie* qui possède déjà d'immenses concessions de terrains pétrolifères dans la région de Santa-Cruz, continue les perforations (sic) commencées en 1930 dans le Chaco. Si l'on sait d'autre part, que la République Argentine possède également sur son territoire limitrophe avec la Bolivie de riches terrains pétrolifères dont les nappes ont, sans doute, la même origine que celle du Chaco, on arrive à cette déduction simpliste que les aspirations du Paraguay sont défendues ou tolérées par l'Argentine (anti-U.S.A.) et que celles des Boliviens sont appuyées par les puissants pétroliers américains. »

Ainsi, on commence à voir clair dans cette guerre totalement inutile (à la fois pour la Bolivie et le Paraguay) qui ne tarde pas à dégénérer en véritable boucherie.

Le Chaco, région malsaine, marécageuse, infestée de fauves et de reptiles est « habitée » par des Indiens primitifs et sauvages, les Tobas et les Pilegas, qui, lorsqu'ils ne sont pas enrôlés par l'une ou l'autre armée, attaquent volontiers l'une ou l'autre formation pour se procurer des armes, des vivres et des vêtements. Si le Paraguay combat à proximité de ses bases, la Bolivie doit transporter ses hommes, son ravitaillement à travers 1.000 kilomètres d'un territoire dépourvu de voies de communications. De plus, la plupart des troupes boliviennes sont des Indiens Quechas qui n'aiment pas les Boliviens et qui sentent qu'ils n'ont aucun intérêt à tirer de cette guerre. Aussi l'armée bolivienne, sous le commandement du général *allemand* Kundt, compte-t-elle, dès le départ, de nombreux déserteurs.

Les Paraguayens sont d'excellents soldats commandés par les généraux Estigarrebia et Ayala, qui sortent de l'École de Saint-Cyr, mais leurs effectifs sont moindres. « Pour un Paraguayen qui meurt il y a cinq Boliviens qui tombent, mais il en reste cinq pour prendre leur place » dit un correspondant de guerre.

Conflit immédiatement violent. Les Paraguayens avancent rapidement malgré des difficultés énormes. « La forêt est si dense que les assauts après les bombardements sont difficiles et souvent impossibles. La guerre se fait à coup de fusil et de grenades de tranchée à tranchée ; les distances ne sont pas toujours supérieures à cinquante mètres. » Les Boliviens reculent ; leur général Kundt est remplacé par le général bolivien Penaranda pour satisfaire l'opinion publique, mais Kundt, commande dans l'ombre. Les Paraguayens progressent jusqu'à cinq cents kilomètres de leurs bases. La guerre est acharnée, il y a une « Légion de la Mort » paraguayenne ; le colonel bolivien A. Bavia se donne la mort plutôt que de se rendre. Dans les rangs boliviens viennent s'enrôler des officiers chiliens ; on compte chez les Paraguayens beaucoup d'officiers sud-américains et européens. Il y a des aventuriers dans les deux camps et les trafiquants internationaux font de bonnes affaires car un pays qui se bat a besoin de presque tout importer !

Kundt attend les Paraguayens dans les plaines dégagées, avec de l'artillerie lourde. Le général Estigarrebia éprouve des pertes sérieuses ; on se bat farouchement jusqu'à ce que les gros canons paraguayens arrivent. Après la trêve de Noël 1933 qui permet aux Boliviens de se ressaisir, les Paraguayens subissent de lourdes pertes. À El Contado, le 28 juin 1934, Estigarrebia essuie deux défaites. Mais les rescapés s'accrochent au sol et les positions ne changent guère malgré le renfort bolivien de 60.000 hommes. Le Paraguay jette tous ses hommes clans la bataille ; il incorpore les jeunes gens au-dessus de quatorze ans. On compte déjà 70.000 hommes hors de combat : 25.000 morts, 40.000 blessés et mutilés, 3.000 disparus et 2.000 déserteurs en territoire argentin. Guerre d'Indiens avec, souvent l'atroce mutilation des prisonniers. Du côté bolivien les pertes sont pires et 20.000 prisonniers et, déserteurs boliviens sont aux mains des Paraguayens.

« Assez ! » crie le monde civilisé indépendant et ignare pendant que la S.D.N. vaticine dans son impuissance.

Pourquoi « assez » ? Le carnage des innocents ne gène pas les pétroliers qui prennent leurs précautions après avoir déclenché le conflit, témoin cette coupure parue le 16 décembre 1934 dans un périodique français et qui en dit long sur le courage des pétroliers lorsqu'ils sentent le vent tourner : « Depuis la prise des forts Cururenda et d'Orbigny, les troupes du Paraguay menacent la région des gisements pétrolifères qui sont, comme chacun sait, l'enjeu de cette guerre. Aussi les compagnies étrangères (lire *américaines*) exploitant les gisements boliviens se sont-elles, en hâte, prémunies contre les dommages qui pourraient résulter des combats prochains sur leurs propriétés. Elles auraient envoyé des émissaires au gouvernement d'Assomption pour obtenir que ses troupes respectent les installations et le matériel des exploitations pétrolières, *moyennant quoi elles s'engageraient à assurer gratuitement le ravitaillement en pétrole des troupes victorieuses.* »

Le Paraguay, c'est-à-dire la Grande-Bretagne, va-t-il triompher à la faveur de troubles politiques qui éclatent en Bolivie ? L'enjeu est d'importance car, en plus des terrains pétrolifères, il y a une version du *Petroleum Times* qu'il faut aussi retenir pour conserver une idée de l'ampleur des résultats espérés par les pétroliers qui mènent souvent deux buts de front.

Le pétrole bolivien, propriété américaine, trouvait un débouché naturel dans l'Amérique du Sud et plus particulièrement au Chili, en Argentine et en Uruguay. Mais l'Argentine a quelques puits de pétrole indépendants qui résistent, avec l'aide du gouvernement argentin, assez farouchement aux tentatives d'absorption des trusts américains. Or, le groupe britanique s'intéresse à divers titres au pétrole argentin. Plus longtemps durera le conflit bolivio-paraguayen, plus longtemps le carburant bolivien demeurera coupé de ses relations avec le Sud, donc n'approvisionnera pas des marchés jusqu'alors réservés à la production américaine... Ce qui se passa effectivement pendant près de trois ans pour le plus grand profit des pétroliers anglais.

Dans « Panorama de l'Amérique latine » Renaud de Jouvenel a écrit : « On se battit pour la *Standard Oil* ou pour la *Shell Mex*, filiale de la *Royal Dutch,* laquelle fournit le Paraguay pendant la durée du conflit. Soixante mille Boliviens et quarante mille Paraguayens furent tués ou moururent de soif, de dysenterie, de typhus ou de paludisme. Cinquante mille hommes sont revenus fous ou atrocement mutilés et le nombre de ceux atteints de tuberculose est tel que le Congrès de la Paix a dû voter un crédit de 8.500.000 pesos. »

Car la guerre se termine en queue de poisson. Il n'y a ni vainqueur ni vaincu... Seules, des hécatombes de Paraguayens et de Boliviens jalonnent la route du pétrole.

Pétroliers américains, financiers anglais n'ont, rien perdu de leurs positions ; au contraire, ils ont, fourni les belligérants. Ils attendent sans doute que le peuple paraguayen se remonte pour recommencer, puisque, en diverses occasions, depuis, on a cru que le conflit pour le Chaco allait rebondir !

Les trusts qui engagent des pays entiers dans une guerre nuisible à leurs intérêts, savent-ils reconnaître les sacrifices consentis pour eux ? Ont-ils à cœur de réparer les préjudices causés à l'ensemble d'une population qui s'est battue pour défendre leurs privilèges ? On sait déjà que la caractéristique des magnats mondiaux est d'abandonner froidement les comparses devenus inutiles ; quand on ne les abandonne pas, on essaie de les voler davantage. *Commentaires* du 22 décembre 1935 en apporte la preuve : « Un conflit vient d'éclater entre le gouvernement de la Bolivie et la *Standard Oil of Bolivia* filiale de la *Standard Oil of New-Jersey* (groupe Rockefeller). Le gouvernement de La Paz aurait même l'intention d'annuler purement et simplement la concession accordée à la société, car il a découvert qu'elle violait le contrat en le livrant à des forages de contrebande et en utilisant un pipe-line clandestin pour exporter le pétrole sans payer de droits. Le pipe-line en question a été posé dans le lit de la rivière Bermejo et il permet à la *Standard Oil* de faire passer en Argentine, à l'insu des autorités boliviennes, le pétrole extrait en Bolivie. Le préjudice causé au gouvernement bolivien serait double puisque la *Standard Oil* éluderait, d'une part, le paiement des redevances sur l'exploitation des puits clandestins et, de l'autre, celui des taxes à l'importation. »

Vraiment pas très élégant pour un pays appauvri par une guerre dont on est la cause ! Bien entendu, les velléités du gouvernement bolivien ne restèrent que des velléités. Les choses s'arrangent toujours — plus ou moins bien, mais obligatoirement — lorsqu'un pays est sous la dépendance économique et financière quasi totale de celui qui cherche à le gruger davantage.

*

*   *

Ne quittons pas l'Amérique du Sud sans quelques précisions sur l'Argentine présentée trop souvent sous un faux jour en Europe.

Pour une majorité de la presse, le Président Péron est un « dictateur fasciste » parfois insulté à la radio-diffusion et même par feu Léon Jouhaux qui a demandé à la Conférence Internationale du Travail, l'exclusion de « la délégation argentine fasciste » (28 /10 /45). Or, Péron était l'adversaire déclaré des capitalistes étrangers et, en particulier des Américains et de leurs pétroliers.

C'est pourquoi la quasi-unanimité de l'information tenta de le discréditer dans l'opinion publique mondiale.

Péron, tout militaire qu'il est, a des idées et en particulier la suivante : l'Amérique du Sud « espagnolisée (toute l'Amérique du Sud, sauf le Brésil et l'Uruguay « portugaisés ») possède les matières recherchées par le monde entier, or, cuivre, étain, fer, plomb, pétrole, etc. une main-d'œuvre abondante sans emploi, et pourtant elle demeure un des coins du globe des plus pauvres. Cause : les sociétés étrangères sont me dresses des mines, exportent les minerais bruts à un prix dérisoire et viennent revendre les produits manufacturés (avec ces minerais) à des prix aux cours mondiaux trop élevés pour être achetés en quantités nécessaires par des pays pauvres. Le grand rêve de Péron est donc de tenter de constituer une fédération économique sud-américaine qui fabriquera du matériel lourd avec les minerais extraits du sol sud-américain. En somme, il s'agit d'accaparer les bénéfices des sociétés étrangères qui ne profitent pas au pays, en constituant des sociétés nationales dont les bénéfices seront remployés pour l'équipement de l'Amérique du Sud.

Le Chili et la Bolivie s'intéressent au plan de Péron qui obtient que ces pays livrent,, par priorité, leurs minerais pour les besoins sud-américains. C'est le premier pas vers les États-Unis d'Amérique du Sud, pour se libérer de la tutelle des U.S.A. et (les puissances industrielles étrangères. Les véritables desseins du péronisme ne furent jamais publiés dans les presses soumises aux influences ; anglo-saxonnes.

Péron sait que la création d'une véritable économie intérieure *profitable à toms les stades aux peuples sud-américains* a besoin de l'appui de la population pour réussir, d'où la campagne de sa femme Evita lui amenant les masses. Mais Péron voit se dresser contre son projet à la fois les États-Unis ; et la Grande-Bretagne, pays pour lesquels la devise est « exporter ou mourir ». C'est pourquoi Péron refuse obstinément aux étrangers des concessions pétrolifères en Argentine.

Péron nationalise des banques, des industries, des entreprises maritimes. Les « nationalisés » se réfugient à l'étranger et font mener campagne contre lui. En décembre 1946, il rachète pour 5, milliards de francs, les trois lignes de chemins de fer exploitées par des sociétés françaises (Buenos-Ayres, Santa-Fé et Rosario). Péron veut une Argentine libérée de tous les capitalismes étrangers *pour délivrer son pays des intrigues intérieures.*

Cette opération d'envergure ne se réalise pas sans heurts et le clergé catholique sud-américain, très porté sur le temporel (héritage moral des Jésuites conquérants) se range du côté des « dépossédés ». Pendant presque douze ans, Péron va tenir tête à tous et principalement aux États-Unis qui échoueront longtemps dans les multiples essais de révoltes anti-péronistes.

Malgré le boycottage économique américain, Péron résiste grâce à la fabuleuse richesse de l'agriculture et de l'élevage argentin. Il lui manque une chose : le matériel très spécial pour entreprendre l'exploitation du pétrole dans le nord et le centre argentin. Les États-Unis refusent de le lui vendre ; la Grande-Bretagne aussi. Dix ruses employées par des pays étrangers pour tenter de lui procurer ce matériel échouent. Pourtant, Péron sent que s'il peut extraire du pétrole argentin et le livrer à l'Amérique du Sud acquise à son projet, son rêve d'indépendance sera à demi réalisé. Mais, Américains et Anglais montent bonne garde autour de lui en pratiquant « la politique de l'asphyxie ».

Les rachats pour les nationalisations, la politique sociale des *descamisados* coûtent cher... Le Chili a édifié le premier grand centre métallurgique dans le Nord ; la Bolivie livre régulièrement son étain... Il faudrait vingt, trente, cent cités industrielles pour équiper le pays et le sortir de sa misère ! Où prendre l'argent ? Les caisses sont, vides ou à peu près ; l'effort a été trop violent, trop rapide, Washington maintient serré le nœud gordien. Péron menace de se fâcher, de faire appel aux Soviets, aux techniciens japonais ; il défend son œuvre communautaire sud-américaine. Va-t-il sombrer malgré la quasi-unanimité politique qui le soutient et qui est maintenant entichée de l'idée d'indépendance économique sud-américaine ?

L'Espagne, et particulièrement le ministre Artajo, suit attentivement l'expérience Péron qu'elle conseille, assure-t-on. En effet, l'Espagne tenue à l'écart de 1938 à 1952 pense « se prolonger » en Amérique du Sud « espagnolisée pour former une sorte de bloc à base catholique et ainsi vaincre son isolement européen. Mais les États-Unis renouent avec l'Espagne en 1952 ; les dollars stratégiques pleuvent sur la péninsule ibérique et la cordialité règne dans les rapports Madrid-Washington.

Péron est abandonné de tous les pays aux ordres américano-anglais, y compris la France. L'Espagne intervient à Buenos-Ayres et à Washington. Un terrain - d'entente est trouvé, le nœud se desserre. Péron accepte les conditions économiques imposées par les États-Unis. Il recevra désormais le matériel qu'il a besoin, mais il devra concéder 50.000 ha de permis de recherches pétrolifères en Argentine centrale et au Rio Négro, à la *Standard Oil* (contrat signé le 25 avril 1955). Avis à ceux qui prétendent que les questions pétrolières ont évolué et que les gouvernements n'avalisent plus leurs trusts nationaux...

L'Argentine, unie tant que son chef luttait pour son indépendance, se divise à l'annonce de ces concessions (car il y en a d'autres) aux États-Unis. Il y a les « pour » et les e contre » et ceux que l'on accuse d'avoir fait forcer la main à Péron, c'est-à-dire les catholiques. Les radicaux (argentins) considérant que la concession octroyée à la *Standard Oil* est anti-constitutionnelle, mettent leur influence politique dans coup d'État antipéroniste...[30] ; on connait la suite, la révolution, le renversement et le départ de Péron etc...

L'histoire continue, car, y compris le Vénézuéla, l'Amérique du Sud représente une production de 120 millions de tonnes de pétrole par an qui n'enrichit aucunement se continent. Car contrairement à tous les discours, il ne faut pas se leurrer : le pétrole, industrie à main-d'œuvre très restreinte, n'apporte pas la richesse aux

---

[30] L'Argentine consommant environ 9 millions de tonnes de pétrole par an et n'en produisant que -lest, obligée d'acheter la différence à l'étranger alors que ses champs pétrolifères ne sont pas exploités su dixième.

pays qui le possède, il ne fait que la fortune des sociétés qui l'exploitent.

XI

L'Iran, POINT NÉVRALGIQUE
INTERNATIONAL

À peine la deuxième guerre mondiale est-elle terminée que la presse mondiale s'emplit de « manchettes sensationnelles !

Troubles en Azerbaïdjan !

Les Soviets renforcent leurs effectifs en Azerbaïdjan ! Les nationalistes azerbaïdjanais demandent leur indépendance !

Les Anglais ne laisseront pas toucher aux intérêts britanniques en Azerbaïdjan ! Les nationalistes azerbaïdjanais marchent sur Téhéran !

Le gouvernement iranien envoie des troupes contre les rebelles !

Les Américains surveillent attentivement l'évolution de la situation en Iran ! Les États-Unis signent un traité d'alliance avec l'Iran !

Etc..., etc...

Informations suivies de démentis, de mises au point officielles ou officieuses. Les polémistes parlent d'impérialisme soviétique, d'impérialisme britannique, de visées américaines sur le Moyen Orient. On donne des prétextes de stratégie mondiale ; la Grande-Bretagne protège la route des Indes, l' U.R.S.S. voudrait, par un Azerbaïdjan indépendant (qui se joindrait tôt ou tard à l'Azerbaïdjan soviétique) obtenir un exutoire libre sur une mer du Sud, c'est-à-dire sur le Golfe Persique, pour lui permettre d'importer et d'exporter plus librement et à moindres frais que par le Nord.

Il y a certainement un peu de vrai dans tout cela. L'Iran est le contrefort des Indes. L'Iran est aussi le seul pays qui sépare le Caucase du Golfe Persique ; et la politique des tsars a toujours cherché un débouché maritime russe vers le Sud. Les Soviets ont : aussi une politique économique à défendre !

Personne n'ose tout d'abord prononcer le mot de pétrole ! Avec un ensemble parfait, la presse ne paraît savoir que l'Azerbaïdjan soviétique est une des contrées les plus riches en exploitations pétrolifères, et qu'au sud de cette province, c'est le berceau de l'Anglo Iranian *Oil Cy* donc du gouvernement britannique, *propriétaire de la majorité des actions privilégiées à vole plural. Or* pour acquérir cette majorité, le gouvernement britannique a payé 55 millions de francs or (4.800.000 livres sterling affirment les autres). Par l'Anglo *Iranian,* la flotte britannique d'Extrême-Orient possède un ravitaillement autonome en mazout. Grâce à la proximité des puits de l'Anglo *Iranian,* la concurrence pourrait éventuellement être faite sur place au carburant soviétique du Caucase.

Voilà donc le fond réel du débat que le public a ignoré, raison pour laquelle il n'a rien compris aux dépêches sur l'Azerbaïdjan et s'est désintéressé de cette question qui renferme pourtant les germes de la prochaine guerre mondiale puisque les Américains sont désormais partie prenante clans les pétroles du Proche et du Moyen Orient.

*

*   *

De même que l'Iran s'appelait jadis la Perse, l'Anglo *Iranian Oil Cy* s'appelait l'*Anglo Persian Oil Cy*. Nous souhaitons qu'un jour un historien documenté doublé d'un voyageur attentif, écrive la curieuse et complète aventure iranienne depuis la découverte du pétrole au pays des mille et une nuits. L'histoire moderne dépassera de loin, en intérêt, celle du passé, car le drame économique de l'Iran se double d'une intrigue d'espionnage aux effets les plus inattendus et parfois burlesques pour, hélas, sombrer dans le drame qui a entraîné la chute d'un trône, des guerres civiles et l'asservissement occulte.

Pour comprendre ce drame, il convient d'abord de se pénétrer de la position géographique de l'Iran, pays de 1.645.000 kilomètres carrés, donc trois fois grand comme la France, et peuplé d'environ vingt millions d'habitants sur lesquels règne un shah résidant à Téhéran, règne parfois théorique dans ce pays encore au temps féodal où les satrapes de provinces éloignées sont plus puissants dans leur fief que le gouvernement officiel. Les frontières du Nord, de chaque côté de la Mer Caspienne, sont communes avec l'U.R.S.S. À l'Ouest, c'est la Turquie et l'Irak (britannique), à l'Est, l'Afghanistan, aux influences mélangées, et le Balouchistan. Au Sud, le Golfe Persique et le Golfe d'Oman procurent l'accès sur l'Océan Indien, donc sur les grandes lignes maritimes de l'Extrême-Orient et du Pacifique...

Ainsi l'Iran, pays secrétant le précieux naphte, se trouve directement en contact avec deux des principales puissances pétrolières du monde : la Grande-Bretagne et l'U.R.S.S. Or, l'Iran est un petit pays faible ; sa force militaire appartient au lointain passé de ses luttes contre Babylone ; et, à la fin du rix^e siècle, il en est à notre époque médiévale. Si un transiranien reliant Téhéran à la côte a été construit, depuis très longtemps sa seule voie ferrée fut un tronçon ferroviaire venant de Russie jusqu'à Tabriz, ville principale du Nord de l'Azerbaïdjan iranien. Tabriz prétendait être la capitale des « nationalistes » azerbaïdjanais réclamant leur indépendance.

CONQUÊTES DES PÉTROLES PERSANS PAR LES
BRITANNIQUES

Un ingénieur australien, Knox d'Arcy, enrichi dans l'exploitation de l'or, et, comme les aventuriers de son temps, épris de recherches de trésors, entend parler de la Perse comme secrétant du pétrole encore inexploité rationnellement. Il n'était bruit, à cette époque, que des sommes fabuleuses gagnées dans les exploitations pétrolifères par les Américains. D'Arcy réalise sa fortune assez conséquente, et s'embarque pour la Perse. Il cherche longtemps sans rien trouver, se heurte aux satrapes et aux brigands et abandonne momentanément sa prospection pour se livrer au commerce des machines ; il construit même un petit chemin de fer à voie étroite qui éblouit le shah alors en exercice, Nasr ed Din. Le monarque persan qui fréquente d'Arcy et qui devine dans l'ingénieur australien un homme de bien, passionné de création plus qu'un businessman, le remercie de son effort de modernisation de la Perse, en lui octroyant un firman en mai. 1901. Ce traité donne à d'Arcy le droit de prospection et d'exploitation de *tout* le sous-sol persan moyennant le versement d'une somme de 200.000 francs et une redevance de 16 % des bénéfices réalisés. Cela pour une durée de 60 ans. Le précieux papier est officiel, bien en règle, mais jusqu'à présent d'Arcy n'a encore rien trouvé... Ce qui explique un peu les conditions magnifiques consenties par le shah qui avait cédé des régions livrées au brigandage et sur lesquelles sa souveraineté n'était que théorique. D'Arcy continue à s'occuper de mécanique lorsque des voyageurs lui signalent des suintements bitumeux à proximité du Golfe Persique, dans la région de Mohamerah-Abadan. L'Australien s'y rend, opère des forages. Cette fois, il tient la fortune car le naphte jaillit avec force. Mais le pays est peu sûr et les pillards règnent en maîtres. D'Arcy entre en contact avec leurs chefs, leur alloue des participations sur la future production ; les brigands deviennent les gardiens vigilants des concessions de d'Arcy et veillent à ce que les agents d'une petite société anglaise, qui semble indépendante et qui fore en pure perte dans le désert, la *Burmah Oil Cy,* ne viennent pas voir de près ce qui se passe sur les terrains dont ils ont la garde.

Comment le précieux firman de Knox d'Arcy passe-t-il entre les mains du gouvernement britannique ?

Les uns soutiennent cette version : d'Arcy, au cours de ses prospections, s'était heurté à des agents secrets qui déployèrent pièges et astuces pour entrer en possession du traité octroyé par le shah. L'Australien, qui ne paraît pas être un homme d'argent, s'obstine à garder pour lui le précieux papier et, quand les pressions et les menaces deviennent graves, il se résigne à fuir la Perse et à aller finir ses jours dans un autre coin du monde. Au cours d'un de ses voyages, il fait connaissance d'un prêtre, un pasteur protestant, qui l'entretient de religion, de salut des âmes, etc. D'Arcy évoque le précieux papier et le pasteur lui conseille de mettre cette fortune au service de la religion. L'Australien donne, *pour rien,* le firman du shah au prêtre... Rosenblum, alias Sidney Reilly, un des meilleurs agents de l'Intelligence Service, qui deviendra, plus tard, chef de l'espionnage anglais en Russie et disparaîtra mystérieusement, en 1926, alors qu'il se plaignait amèrement du manque de reconnaissance de ses chefs auxquels il avait procuré gratuitement un document pour lequel d'Arcy avait refusé six millions de livres sterling or.

Il y a une autre thèse : lorsque d'Arcy découvre le pétrole en abondance et assure la garde de ses concessions grâce à l'appui des brigands persans, il organise lui-même l'exploitation de ses terrains et crée, le 14 avril 1909, une société qui doit lui permettre d'attirer des capitaux pour donner de l'extension à ses affaires. Selon d'autres encore, l'association de d'Arcy avec le *Burmah Oil* en 1908, aurait donné l'Anglo *Persian* dont le gouvernement anglais acheta 60 % en 1914.

Enfin, d'après M. Edgar Faure,[31] d'Arcy aurait créé la *First Exploitation Cy* en 1903, avec le concours de capitaux anglais, qui passa en 1909 sous le contrôle de l'Anglo *Persian Oil.*

Il est vraisemblable que l'on ne saura jamais la version exacte, sauf si M. Winston Churchill se décide à écrire ses mémoires *complets,* puisque l'homme d'Etat britannique fut lié intimement avec Sidney Reilly. Quoi qu'il en soit, le résultat est le même ; dès que l'Anglo *Persian Oil Cy* est constituée au capital de deux millions de livres sterling (par actions émises hors cote pour en masquer les preneurs), la *Burmah Oil* entre dans le giron de la nouvelle société, ce qui confirme que les prospecteurs anglais cherchaient depuis longtemps à s'imposer en Perse, mais ils étaient tenus en échec par le firman de mai 1901.

De deux millions de livres en 1909, le capital-actions passe, en 1914, à 4.799.000 livres puis à 13.524.000 livres

---

[31] *Le pétrole pendant la paix et pendant la guerre.* À ce propos, l'auteur cite un extrait du discours inaugural prononcé par le président Lord Strathcona : « *L'Anglo-Persian* doit servir la Grande-Bretagne, comme la *Standard Oil* sert les États-Unis. »

en 1935. *L'Anglo Persian Oil Cy* fait tache d'huile ; elle s'étend ; des réservoirs, des raffineries s'édifient ; ses prospecteurs rayonnent, remontent vers le Nord (Azerbaïdjan), forent, trouvent de nouveaux gisements ; elle devient un des premiers consortiums mondiaux du pétrole. En 1901, le pétrole rapportait 200.000 francs par an au shah de Perse ; en 1929, *l'Anglo Persian* distribuait 600 millions de francs de dividende à ses actionnaires.

Puis, le secret bien caché n'est plus un secret ; la majorité de l'Anglo *Persian Oil Cy* c'est l'Intelligence Service, c'est-à-dire l'Amirauté britannique, donc le gouvernement anglais dont la politique pétrolière est menée par Henry Deterding et Lord Bcarsted-Samuel Marcus.

Le coup est dur pour les pétroliers américains et les Russes ne voient pas sans appréhension un trust officiel anglais établi à proximité de frontières du Caucase, donc des pétroles Bakou-Batoum. Moscou et Washington cessent de considérer la Perse comme un pays enchanteur et plein d'attraits touristiques, car l'effort britannique ne se ralentit pas et atteint, en 1931, les 7.500.000 tonnes de carburant brut persan. Tous les pétroliers du monde fixent avec envie l'Iran devenu un dominion britannique au carrefour européano-asiatique.

L'ACTION RUSSE EN IRAN

En 1907, alors que la *Burmah Oil Cy* et d'autres chercheurs britanniques préludent à l'Anglo *Persian Oil Cy* et que les capitaux britanniques ont une part importante dans les puits de pétroles russes du Caucase, le tsar et le roi d'Angleterre Édouard VII signent un traité sans trop s'occuper de l'avis du shah dont on ne met pas la souveraineté en cause. La Perse est divisée en deux zones d'influence économique. Le Nord (et l'Azerbaïdjan en particulier) devient zone d'influence russe, tandis que le Sud revient à l'Angleterre ; le centre demeurant zone neutre. En 1919, Londres élimine l'influence russe devenue soviétique et préconise la création d'une Arménie indépendante qui serait un État-tampon entre la Russie, la Perse et la Turquie. Le traité de Sèvres ne peut arriver à un accord à ce sujet et l'U.R.S.S., en 1921, réagit violemment sur les contestations de frontières et fait avancer ses troupes, récupérant la région d'Erivan. En 1920, elle avait nationalisé les exploitations pétrolières russes et exproprié les sociétés privées ; par mesure de précaution, elle donne du champ au Sud des pétroles du Caucase.

Après sa victoire sur la Grèce, Mustapha Kemal obtient l'abandon de la création d'un État arménien ; il récupère la partie turque, laisse le reste à l'Iran et à l'U.R.S.S., prouvant ainsi que le pétrole est le liquide maléfique des tribulations arméniennes. Moscou crée une république soviétique d'Azerbaïdjan qui s'oppose ainsi à l'Azerbaïdjan iranien, car les puits de pétrole de l'Anglo Persian ne cessent de s'étendre vers le Nord. (Halft-I-Shah, puits de pétrole reliés par un court pipe-line à une raffinerie) Les Soviets ont réalisé rapidement le danger d'un tel voisinage, depuis qu'en 1919 et 1923, les pétroliers anglais n'hésitèrent pas à soulever les populations caucasiennes pour essayer de reprendre l'Azerbaïdjan soviétique, c'est-à-dire une partie du pétrole du Caucase.

Londres et ses pétroliers sont mécontents des Russes ; le 21 février 1921, l'ambassadeur soviétique Rothstein, a signé un traité avec la Perse abandonnant les droits concédés par le tsar, mais réservant aux Soviets le droit de ne laisser exploiter les gisements pétrolifères que par des groupements qui auront reçu l'agrément de Moscou. Ainsi, la *North Persian Oil Cy* constituée en hâte par l'*Anglo Persian*, pour exploiter les terrains que l'on espérait enlever aux Soviets, n'aura pas l'occasion de fonctionner. Alors s'engage une farouche guerre secrète anglo-soviétique dont les Persans feront les frais parce que, dans leur sous-sol, il y a du pétrole.

Malgré les essais infructueux de 1919 et 1923, on admet assez dans les milieux londoniens « que les frontières sud de la Russie peuvent retenir l'attention pour une action contre les Soviets ». Moscou le comprend avant Londres et, dès 1920, les Soviets préparent, en s'inspirant de l'organisation de l'Intelligence Service, un service secret qui peut rivaliser avec ceux de l'étranger. Il confie, raconte Zischka, la section des pétroles d'Orient. à un homme jeune, polyglotte, possesseur de plusieurs dialectes orientaux : Einhorn. Le pétrole russe, avant 1914, aux mains étrangères et distribué par les trusts, fournissait la plupart des marchés d'Asie. La lutte des anglo-américains contre le pétrole soviétique nationalisé va fermer ces débouchés qui s'ouvriront au carburant de *l'Anglo Persian*. Il faut donc tenter de battre le consortium anglais sur son propre terrain, malgré le fameux firman de 1901 donné à d'Arcy par un shah ignorant les possibilités d'avenir du carburant. Seul un shah peut détruire ce qu'a fait un autre shah... Alors Einhorn et ses collègues commencent leur travail de psychologie, car à la force britannique ils opposent l'astuce et la propagande. La valeur de l'agent secret soviétique Einhorn montre que l'Angleterre n'a pas le monopole des Lawrence, Philby, Rhodes, Sterling et Cie.

Les agents soviétiques bénéficient du préjugé favorable en Perse puisque, « spontanément », l'U.R.S.S. a renoncé à son influence économique dans le nord persan. Les Anglais parlent en maîtres à Téhéran ; ils déploient leur manière coloniale qui est l'ordre et la menace. À cette méthode, une subtile propagande soviétique oppose le droit des peuples à disposer de leurs richesses pour que les profits servent à la collectivité nationale ; on réveille un nationalisme apeuré ou avachi et l'on découvre un homme qui semble avoir l'étoffe d'un véritable chef en la personne de Rhiza Khan.

Au Parlement de Téhéran, Rhiza Khan a déjà obtenu que la Perse dénonce le traité de Protectorat qui la lie à la Grande-Bretagne en exigeant le retrait des troupes britanniques. Sa popularité grandit à tel point qu'en 1925, il se fait proclamer shah et devient maître de la Perse. Avec lui, les mesures anti-britanniques se succèdent. En 1928, il supprime les privilèges des étrangers ; en 1930, il rend impossible le survol de son territoire par les avions anglais des lignes régulières alors qu'il ne s'oppose pas aux escales des avions hollandais ; en 1931, les câbles télégraphiques reliant Londres aux Indes passent sous le contrôle de son administration. Enfin, *le 5 décembre* 1932, bien conseillé et documenté, *le Shah Rhiza Khan annule le firman de Knox d'Arcy et supprime le monopole des pétroles iraniens accordé aux Britanniques,* à la suite d'une intervention du député Dachti qui paraît n'être qu'un bouc émissaire dans cet épisode.

En juillet 1932, au Parlement de Téhéran, M. Dachti avait révélé que le gouvernement persan allait recevoir 360.000 livres sterling représentant les 16 % du traité d'Arcy, alors que l'année précédente il avait reçu 1.300.000 livres (baisse d'autant plus sensible que la livre vient d'être dévaluée de 30 %). Il accusait l'Anglo *Persian Oit Cy* d'établir des faux bilans pour diminuer les redevances à l'État persan sur l'extraction du pétrole. Il rappelait que le gouvernement persan n'avait rien reçu de 1901 à 1914 ; puis après avoir touché 9.000 livres sterling une seule année, ne perçut rien jusqu'en 1919. Enfin de 1919 à 1931, le Trésor persan avait encaissé 10 millions de livres sterling, somme considérablement inférieure à l'ensemble des réserves, dividendes, bénéfices, impôts payés par *l'Anglo Persian* puisque, pour 1931, le gouvernement britannique a encaissé 800.000 livres rien que du fait de l'income-taxe sur les bénéfices de la Société. M. Dachti, véritablement

« inspiré », avait rappelé une clause du firman d'Arcy qui stipulait que l'E/al *persan doit loucher une redevance sur les bénéfices des sociétés filiales de l'» Anglo Persian Oil » ; il* avait cité vingt filiales réparties dans le monde entier dont les bénéfices étaient colossaux et dont la Perse était tenue à l'écart...

Ces griefs font sensation et affolent les pétroliers anglais responsables de cet état de choses. En effet, à diverses reprises, le gouvernement de Téhéran avait, essayé de réviser à l'amiable les conditions de la concession d'Arcy « conçue en des circonstances qui sont périmées » ; Téhéran envoya des notes diplomatiques, mais, chaque fois, l'Anglo *Persian* se déroba. Cette fois, l'intervention de M. Dachti soulève les Persans contre le monopole anglais. Cinq mois après, le shah abroge la concession d'Arcy et des menées anti-britanniques se déroulent en Perse. Einhorn et Rhiza Khan Pavlevi viennent de porter une sérieuse atteinte à la puissance pétrolière britannique, et l'influence soviétique grandit dans la vie économique de l'Iran.

Cette décision n'arrange pas les affaires de la Grande-Bretagne qui, à la suite de la Conférence d'Ottawa en 1932, vient de dénoncer son accord commercial avec les Soviets. On ne sait pas s'il y a corrélation entre les deux faits. Quand Téhéran rejette le monopole anglais, dans la même journée les actions de l'Anglo *Persian* baissent de 20 %. Les pétroliers britanniques réussissent à faire envoyer des navires de guerre britanniques en vue de Bender Abbas pour montrer au Shah que la Grande-Bretagne est résolue à « défendre les intérêts de ses protégés ». On craint une guerre, qui n'eut pas lieu... L'Iran n'est plus seul : l'ombre de l'U.R.S.S. l'accompagne.

Les pétroliers américains en Iran

Si Einhorn semble être le grand vainqueur de la première manche de cette lutte contre *l'Anglo Persian Oil Cy,* il paraît incontestable que l'action américaine, qui se déroulait parallèlement, a aidé ou poussé le shah à prendre sa décision du 5 décembre 1932.

Puisque les Anglais s'implantent en Perse, on conçoit aisément que les pétroliers américains ne devaient pas tarder à accourir, mais trop tard : la concession d'Arcy est signée. Pendant de longues années, l'action américaine se borne à observer les concurrents britanniques et à leur mettre des bâtons dans les roues chaque fois qu'elle en a l'occasion. Puisque le firman de 1901 leur enlève tout espoir de participer aux richesses pétrolières de la Perse, les Américains essaient de mettre la main sur l'économie persane en consentant des emprunts au gouvernement persan et en prenant sous leur contrôle des entreprises publiques.

Installés aux meilleurs postes à Téhéran, les pétroliers américains ne perdent pas de temps. Malgré le secret des pourparlers irano-américains, on apprend, fin 1936, que Téhéran est favorable à l'attribution aux Américains d'une vaste concession pétrolifère qui englobe le tiers du territoire iranien. Au début de 1937 les textes sont soumis à la ratification du Parlement iranien et la concession est accordée. C'est la société américaine *Amiranian Oil Cy,* contrôlée par la *Delaware Oit Cy* (on a déjà vu le nom de l'État de Delaware dans l'affaire Rickett en Éthiopie agissant pour le compte de la *Standard Oil)* et par la *Texas Oil Cy,* qui devient concessionnaire de toute la partie Nord-Est de l'Iran, suivant une ligne qui part de la pointe Sud-Est de la Mer Caspienne et passe par Hovzé Miantal pour aboutir à la frontière du Bélouchistan à environ 80 kilomètres de la côte du golfe d'Oman. *Ainsi, toute la frontière sud-est de Russie d'Asie se trouve contrôlée par la zone pétrolière américaine.* On doit estimer cette situation à sa juste valeur pour comprendre les précautions soviétiques et la méfiance de Moscou vis-à-vis de ces avances en tapinois vers ses régions pétrolifères du Caucase, car la concession de l'Amiranian borde la pointe Sud-est de la Mer Caspienne, presque à toucher les puits soviétiques de pétrole de Chikishar, du groupe de Krasnovodsk.

Donc l'Amiranian *Oil Cy* (au capital de 5.053.033 dollars — 50.000 actions privilégiées à 100 dollars et 50.033 actions à un dollar) qui garde son siège social aux U.S.A., obtient, pour 60 ans, le droit de prospection, d'exploitation, de trafic de pétrole sur cette partie du territoire persan et le droit de construire un pipe-line jusqu'à la côte, le transport de l'huile lourde sera confié à une société filiale, *l'Iranian Pipeline Co.* Stipulation extraordinaire : *l'Amiranian* a la possibilité d'extraction en territoire afghan ! Instruit par le précédent de l'*Anglo Persian*, le gouvernement iranien impose des conditions financières minima assez lourdes outre une redevance de quatre shillings par tonne de pétrole extraite. L'accord est signé par le ministre des Finances d'Iran, A. Da-var et, pour la société américaine, par Charles Calmer Hort et Frederik Gardner Clapp.

Désormais, une société américaine se dresse en face de *l'Anglo Iranian Oil Cy*. Les Anglais ne peuvent que s'incliner puisque le firman monopole de 1901 est abrogé. Les deux Molochs se retrouvent en contact car la *Société pétrolifère franco-soviétique* fondée en 1930 par Khochtaria (ami intime de C. Gulbenkian) ne peut prétendre rivaliser avec les trusts.

La lutte anglo-soviétique n'aura-t-elle que le but (le permettre au larron américain de s'introduire en force dans la place ?

Le pétrole iranien n'intéressait pas directement l'U.R.S.S. ; par contre l'emprise économique soviétique grandit chaque jour davantage en Iran avant la guerre : comptoirs, succursales de la banque d'État russe s'établissent dans tous les centres importants iraniens...

En résumé, à la veille de la guerre de 1939, la situation en Iran est la suivante : la concession britannique va de Naft-I Shah jusqu'à la frontière du Baloutchistan et englobe toute la côte iranienne. Une pipe-line avec tronçon relie les champs pétrolifères de Masjid-I-Sulaiman et Haft Kel à la raffinerie monstre d'Abandan, port pétrolier. Plusieurs sociétés anglaises travaillent, avec l'*Anglo Iranian Oil C*: *la Burmah Oil*, la *Royal Duteh*, la *Slralhcona* etc... Les prospections s'étendent en est-sud. Les Américains de l'Amiranian *Oil Cy*, après avoir foré en nord, ouest ct Sud, abandonnent la partie et leurs compatriotes de l'*Inland Exp. C*° qui prospectaient le proche Afghanistan les imitent, alors qu'aux Indes à proximité de la frontière indo-afghane, *l'Allock Oil* C° britannique trouve du carburant en telle quantité (à Dhulian et à Khaur) qu'elle est obligée de monter une raffinerie sur place à Rawalpindi. Les conseillers et les industriels américains jouent un rôle important dans la vie économique iranienne tandis que les Soviets font de la prospection de masse.

L'IRAN NE DEMANDAIT RIEN À PERSONNE

L'Iran n'a jamais cherché à attaquer qui que ce soit et s'abstient de véhémence dans les questions internationales. Pourtant, en 1941, le pays du Shah Rhiza Khan Pahlevi est brusquement envahi par les Russes, les

Anglais et les Américains. Il semble que l'U.R.S.S. ait argué de précautions « stratégiques » pour occuper le Nord de l'Iran ; alors, dans l'éventualité d'une occupation prolongée ou totale, Anglais et Américains se précipitent aussi sur l'Iran et chacun s'attribue une zone d'influence. Le pauvre shah paie chèrement le tour qu'il a joué *à* l'Anglo *Persian Oil Cy* en lui enlevant un monopole pour ne lui laisser qu'une concession... couvrant quand même le tiers du pays ; immédiatement destitué, il est emmené en captivité par les troupes britanniques. Plus tard, à la conférence de Potsdam, le 17 juillet 1945, il sera décidé de rendre à l'Iran sa souveraineté, et, le 26 novembre, Londres et Washington demandent à Moscou d'évacuer le pays simultanément le 1er janvier 1946. En attendant, les trois puissances se livrent une lutte d'influence acharnée pour conserver leurs positions respectives, sinon les augmenter au détriment du voisin.

Les Américains accentuent leur avance. Déjà du temps de l'ancien shah, un conseiller yankee, le Dr Millsbaugh, tenait sous sa dépendance étroite le gouvernement iranien ; il avait obtenu que le privilège d'émission des billets de banque d'Iran soit transféré de la Banque impériale britannique à la Banque d'État iranienne qui est d'inspiration américaine. Le chemin de fer transiranien qui relie la capitale à la côte du Golfe Persique passe sous le contrôle des financiers américains.

Pendant le conflit mondial, tout en ravitaillant l'U.R.S.S. en matériel de guerre à travers la Perse, il se forme une sorte d'entente tacite anglo-américaine contre les Soviets. Une nouvelle fois, c'est l'alliance momentanée du dollar et de la livre contre le possesseur du pétrole du Caucase et l'U.R.S.S., profitant de son organisation commerciale en Iran répond sur le plan politique. Les partis iraniens se multiplient.

« Hizbi Tudeni Iran », dirigé par Suleiman Mirza Iskenderi, s'appuie sur les Soviets ;

« Heinreham » est soutenu par les États-unis ; « Patrie et Progrès », à la tête duquel se trouve Seyid Ziyaeddin, sert les intérêts anglais et dispose de quatre journaux. À ces partis, il faut ajouter des groupes indépendants résolument xénophobes comme le

« Hizbi Peykar » et le « Meyhenperestan » dont les chefs sont arrêtés par les Anglais et déportés en Irak, et enfin le « Kargueran », qui devient le parti social-démocrate iranien, dont le chef est Ali Suheyli, premier ministre. Ces partis s'affrontent, se haïssent, se rencontrent ; des bagarres se multiplient.

La confusion est à son comble en 1943-1944. Les Anglo-Américains exigent des mesures pour freiner la propagande soviétique, éviter des élections prosoviétiques et interdire les films de propagande russe. Des bandes Kurdes et autres dévastent les concessions, razzient, pillent ; lorsque la gendarmerie iranienne, commandée par les officiers américains, se présente, il est trop tard : l'opération a eu lieu dans la zone britannique et la bande des brigands s'est déjà réfugiée dans la zone... qui l'a armée.

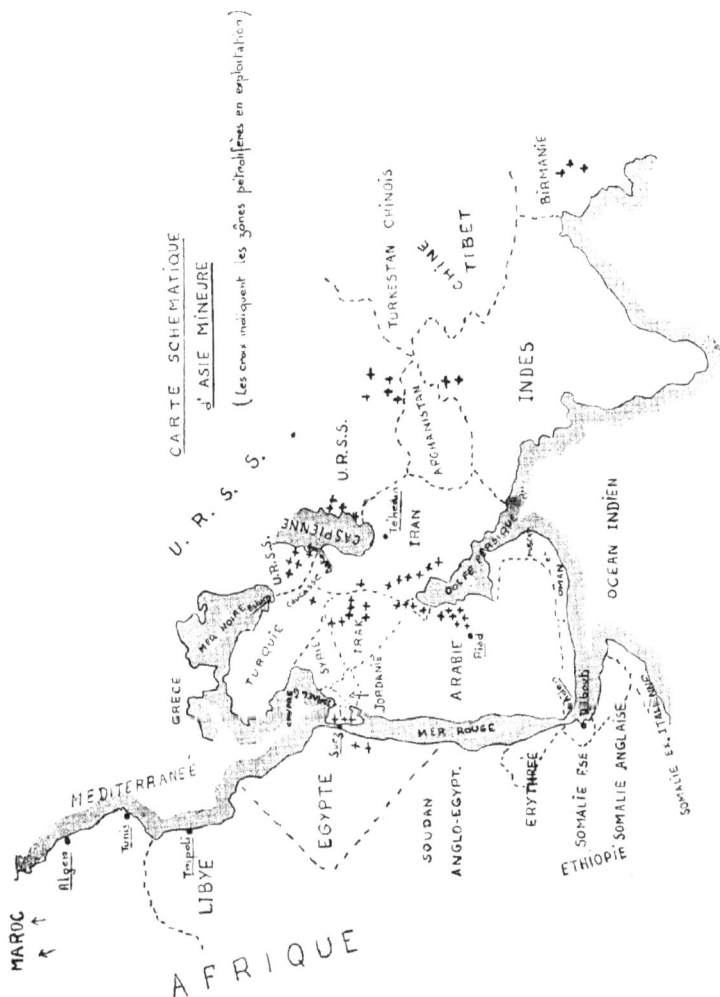

CARTE SCHÉMATIQUE
d'ASIE MINEURE
(Les croix indiquent les zônes pétrolifères en exploitation)

L'Iran, le malheureux Iran, à cause du funeste carburant est devenu un nouveau Mexique et le gouvernement central cahoté, heurté, contré ou excité, ne sait plus comment s'en sortir ; il perd la tête et le désordre gagne tout le pays.

Il faut s'évader de cette anarchie, car l'insécurité met en danger les exploitations pétrolifères. Les Anglo-Américains proposent à Moscou l'évacuation simultanée de l'Iran. L'U.R.S.S. demande et obtient un délai de deux mois. Elle évacue, mais reste dans les zones estimées encore troublées ; on assure qu'elle a passé un accord secret avec les Kurdes et préparé les cadres d'un Azerbaïdjan quasi-indépendant qui s'efforcera de devenir autonome pour se rattacher un jour à l'Azerbaïdjan soviétique. Le gouvernement iranien, c'est-à-dire les anglo-américains qui se trouvent derrière lui, sent poindre le danger et engage une action militaire contre les Azerbaïdjanais armés par les Russes. Il n'y a pas de décision définitive. Téhéran et l'Azerbaïdjan entrent en pourparlers et des accords sont signés reconnaissant à l'Azerbaïdjan certains droits ; Tabriz devient la capitale officielle de l'Azerbaïdjan iranien. On s'étonne un peu que les conseillers de Téhéran aient accepté cet accord qui est le premier pas vers le détachement de l'Iran, mais l'avenir nous apprendra que cette trêve était nécessaire à Téhéran pour régler définitivement la question.

Quelques mois se passent et, événement imprévu, les troupes gouvernementales iraniennes équipées d'armes modernes, motorisées, font irruption dans le Zend-jan ; aussi, le 28 novembre 1946, la radio de Tabriz annonce-t-elle que tous les accords conclus avec Téhéran sont rompus. La lutte reprend. Les forces gouvernementales iraniennes « conseillées » supérieurement opèrent une guerre éclair ; le 12 décembre, l'Azerbaïdjan capitule. Téhéran illumine et, avec assez d'imprudence, M. George Allen, ambassadeur des U.S.A. en Iran, déclare : *«Je considère l'extension de la souveraineté iranienne à toutes les provinces de l'Iran comme une victoire à la fois pour le gouvernement central et pour les Nations Unies. »*

Pourquoi cette joie bruyante du diplomate américain ? Et que viennent faire les Nations Unies dans ce conflit « intérieur » iranien puisque l'Iran ne fut jamais en guerre ?

L'U.R.S.S., battue en la personne des Azerbaïdjanais, n'est pas contente. Son ambassadeur à Téhéran rend visite au shah le 13 ; les affaires ne s'arrangent pas puisque les combats se poursuivent et que la loi martiale est proclamée à Tabriz. Mais le succès anglo-américain est indéniable : l'influence soviétique est refoulée au delà de la frontière irano-soviétique, et l'on comprend pourquoi la concession pétrolifère concédée en 1947 à l'U.R.S.S. au Nord de Téhéran, le long de la Caspienne-Sud (le Mazandéran) n'a pas été ratifiée par le Parlement iranien.

Pendant l'occupation de la France par les Allemands, le trust Gering, qui croyait fermement à la victoire allemande et à l'écrasement de la Russie, entra en rapport, par l'intermédiaire d'un de ses représentants, avec un Azerbaïdjanais qui se faisait passer pour Arménien réfugié depuis une vingtaine d'années en France. Ce riche enfant du Moyen Orient proposa aux affairistes allemands de jouer au petit Deterding. Autrement dit, il suggéra de rechercher tous ses compatriotes qui furent, avant la nationalisation des pétroles soviétiques, propriétaires de puits ou d'actions dans les sociétés de pétrole de la Transcaucasie de l'Est ou Azerbaïdjan soviétique. Ainsi, pensait cette association en herbe germano-azerbaïdjanaise, lorsque les troupes allemandes auront conquis le Caucase, nous présenterons nos titres de propriété ou actions acquises à bas prix et nous deviendrons immédiatement propriétaires d'une partie du pétrole russe. L'avance du Caucase se transformant rapidement en déroute, ce projet n'eut pas de suite. Et si nous le citons, c'est pour essayer d'en tirer un enseignement sur l'attrait qu'exerce le pétrole soviétique sur tous les capitalismes.

Nous avons vu que le groupe britannique *Royal Dutch--Shell a raflé,* pendant trente ans, la plupart des actions et des titres de propriété des exploitants du pétrole russe nationalisé dans l'espoir qu'un jour les Soviets seront chassés de la direction du pays et qu'il récupérera les puits du Caucase. De leur côté, à plusieurs reprises les pétroliers américains ont tenté (le négocier avec les Soviets pour leur pétrole.

Les deux groupes sont maintenant installés en force aux frontières mêmes de l'U.R.S.S. grâce à l'Iran. Ils sont aussi en Irak, Arabie et Syrie, le voisinage anglo-américain prend de la profondeur. Or, l'U.R.S.S. comme les autres pays a besoin d'exporter pour vivre, nous l'avons vu avec l'Espagne, c'est-à-dire pour acquérir des devises qui lui permettent d'acheter ce qu'elle ne produit pas. Autrement dit, par l'occupation de l'Iran, par l'influence anglo-américaine en Asie Mineure et en Grèce, l'U.R.S.S. est ceinturée solidement au Sud. L'homme sans parti pris doit commencer à concevoir le drame qui prépare les difficultés de demain.

L'U.R.S.S. est accusée publiquement de menées en Azerbaïdjan. On doit convenir qu'en élargissant la profondeur de sa zone de sécurité au Sud du Caucase, elle reste simplement prudente pour l'avenir. En tentant de gagner à son influence l'Iran, elle visait vraisemblablement à ne pas laisser étouffer son économie. Londres et Washington n'ont pas fait autre chose, la première en Palestine et en Égypte, voisines de Suez, la seconde en asservissant Panama et les petits pays voisins secondaires de l'Amérique Centrale qui contrôlent le canal si important pour la stratégie maritime américaine. *Il est fort probable que si, au lendemain de la deuxième guerre mondiale, le général de Gaulle n'avait pas signé un traité franco-soviétique, nous n'aurions pas été chassés de Syrie ; les Anglo-Américains, dans la crainte d'un nouveau conflit, ont redouté une conjonction franco-soviétique, et la position militaire de la France en Syrie pouvait bouleverser la stratégie anglo-américaine dans le Moyen-Orient.*

Moscou emploie des moyens de self-défense. Peut-on l'en blâmer puisqu'on connaît maintenant l'âpreté et la férocité des guerres pour le pétrole ? A l'occasion d'une autre conflagration générale, l'Azerbaïdjan iranien servira de tremplin pour atteindre Bakou, c'est-à-dire le centre principal du pétrole russe, vital pour l'armée soviétique.

UN HONNÊTE HOMME, LE DR MOSSADEGH

Il est probable que l'Iran serait resté dans cette position de satellite inspiré et livré à trois luttes d'influences jusqu'au seuil de la troisième guerre mondiale, si un poète et un honnête homme, le Dr Mossadegh, n'était pas devenu le chef du gouvernement iranien.

Le Dr Mossadegh voit son pays de 20 millions d'habitants dans une profonde misère alors que les pétroliers britanniques gagnent des dizaines de milliards avec le pétrole tiré de son sous-sol. Il sait que les Anglais donnent peu de redevances et trichent sur les quantités, et que les Américains sont plus généreux et plus corrects en affaires. Il le sait par le roi Ibn Séoud qui a lâché les pétroliers britanniques pour les pétroliers américains. Il le sait encore par les conseillers américains de Téhéran. Alors, au printemps de 1951, *il* décide de nationaliser l'industrie du pétrole en Iran.

Décision dont on n'a pas encore expliqué les dessous car elle est, aussi, un des aspects de la guerre diplomatique froide anglo-américaine.

La période 1950-1951 est un des sommets de la tension entre Londres et Washington. Chaque pays, avec un manque évident de cordialité, cherche à amenuiser les positions stratégico-économiques de son concurrent. Londres est alors contre la C. E. D. à cause des business-men américains qui ont raflé les grandes affaires allemandes, le pool acier-charbon est dirigé contre l'acier anglais, en Égypte l'ambassadeur Caffery organise les émeutes contre la présence britannique (sur près de 9.000 bateaux qui empruntent le canal de Suez, les 3 /4 sont des pétroliers) ; les campagnes américaines ont eu pour résultats l'abandon de la Palestine (très importante raffinerie britannique de pétrole à Haïffa) et des Indes. Enfin Anglais et Américains se disputent les intérêts économiques monumentaux de la Chine ; Londres abandonne Tchang Kaï Chek (appelé dans les chancelleries le *Chek « barré »*) à Washington et reconnaît Mao Tsé Toung ami de l'U.R.S.S., etc. Bref, chacun tente de torpiller les intérêts et l'influence de son adversaire et allié...

Les conseillers américains sont sur place en Iran pour juger l'importance du rôle de l'Anglo *Iranian Oil* en Extrême-Orient, d'abord concurrente des pétroles américains d'Arabie (les Anglais paient moins de redevances qu'eux au Trésor local, donc prix de revient du pétrole meilleur marché), ensuite, grâce au pétrole d'Iran, la flotte britannique d'Extrême-Orient possède une base de ravitaillement autonome permanente et sûre, et permet d'approvisionner facilement en carburant les Indes, les colonies anglaises du Pacifique, l'Australie et la Nouvelle-Zélande ; le pétrole iranien assure aux Anglais un commerce stratégique exclusivement anglais dans cette partie du monde. Les conseillers américains suggèrent donc au Dr Mossadegh se répéter l'histoire de la *Mexican Eagle* en Iran. Que l'Iran nationalise ses pétroles et les Américains se trouveront derrière pour assurer l'écoulement du carburant et, au besoin, la reprise de l'exploitation à de meilleures conditions que celles consenties par l'Anglo-Iranian.

Le Dr Mossadegh, qui a écrit d'admirables vers, se fie à la parole des Américains, n'exige pas d'engagements écrits et décide la nationalisation. Le major Attlee, alors chef du gouvernement britannique, est fort ennuyé. La presse conservatrice le pousse à employer la manière forte pour maintenir le privilège de l'*Anglo-Iranian*, mais le leader travailliste a lui-même décrété des nationalisations en Grande-Bretagne. Pourquoi s'insurger contre la décision prise par une « État souverain indépendant », alors qu'il a appliqué des mesures identiques chez lui ? Il n'ignore pas non plus que les dirigeants de l'*Anglo Iranian* ont refusé de réviser à l'amiable leur contrat léonin avec l'Iran. Personne ne veut céder. *L'Angle Iranian* décide d'abandonner ses exploitations iraniennes et de les mettre en sommeil ; elle rapatrie son personnel. Mais, en même temps, l'Amirauté britannique interdit à qui que ce soit d'acheter du pétrole à l'Iran sous peine d'être coulé au arraisonné. Elle renforce sa base d'Aden (sur la route du canal de Suez) et ses bateaux patrouillent.

Il y a un *casus belli* dans l'air ; les Américains le sentent si bien qu'ils reculent et font semblant de tout ignorer. Quand le Dr Mossadegh se tourne vers eux, il ne trouve plus personne. L'U.R.S.S. elle-même ne bouge pas. Les Iraniens vont commencer à mourir de faim sur une richesse que personne ne veut acheter par crainte de la vindicte britannique. Voilà à quoi on reconnaît une nation forte !

Le Dr Mossadegh voit s'épuiser la principale ressource du Trésor public. Il essaie de vendre du pétrole à des « forceurs de blocus » ; seuls, passeront quatre ou cinq bateaux-citernes italiens et deux japonais. La misère iranienne augmente, les agents anglais mènent une violente campagne intérieure contre Mossadegh qui vient aux États-unis rappeler aux Américains leurs promesses. La presse tente de le faire passer pour un illuminé ou un fou.

L'homme souffre réellement, il pleure de rage et de conscience bafouée. Ce n'est pas le pantin décrit par certains thuriféraires des pétroliers, mais le patriote iranien sentant que l'indépendance de son pays va devenir une occasion manquée. Chacun connaît la suite. La fuite du Shah qui, après avoir approuvé Mossadegh, prend le chemin de l'étranger pendant que l'Intelligence Service renforcé tire les ficelles des émeutes iraniennes. Exécutions. prison, retour du Shah, condamnation scandaleuse de Mossadegh. L'*Anglo Iranian* triomphe 1 Le chantage à la disette de tout un peuple finit par « payer».

COUP DE MAÎTRE DE LA DIPLOMATIEANGLAISE

Maintenant, Winston Churchill est au pouvoir. Le bouledogue a les finesses du sens de l'avenir. Il ne réclame pas l'abrogation de la nationalisation iranienne qui serait un précédent à l'immixtion étrangère dans les affaires intérieures d'un pays. Il suggère aux dirigeants (le l'Angle *Iranian* de s'installer dans la nationalisation et d'en prendre les rênes.

Une solution intervient à laquelle on n'a donné aucune publicité. Il n'y avait qu'un seul larron des pétroles iraniens ; il y eut une bande de malfaiteurs. Nous regrettons que la France en fasse partie, non pas par idéologie, cet opium des peuples, mais uniquement parce que notre pays justifie par avance les ingérences étrangères dans ses affaires de pétrole métropolitaines et coloniales. *La France est tombée dans le traquenard britannique pour ne ramasser que les miettes d'un festin.*

Nous verrons au chapitre suivant pour quelles raisons les pétroles du Proche et du Moyen Orient seront l'enjeu de la prochaine guerre mondiale. Or, l'affaire d'Iran nous obligera à prendre une position précise dans un coin névralgique du monde. La France n'avait pas besoin de cette complication puisqu'elle a abandonné l'Indochine et les Indes.

Avec beaucoup de logique, les Anglais ont pensé que l'exclusivité des pétroles iraniens leur donnait une position dangereuse à proximité des frontières de l'U.R.S.S. Qu'un incident surgisse et il y aurait davantage d'étrangers se réjouissant des malheurs de l'*Anglo Iranian* que d'autres versant des pleurs. D'autre part, les dessous américains de l'affaire Mossadegh étant connus, il convenait d'éviter le retour de pareilles compétitions qui ont fait perdre des milliards à l'*Anglo Iranian* donc au gouvernement britannique. Très habilement, les Anglais proposèrent aux Américains et aux Français de s'associer avec eux pour l'exploitation du pétrole d'Iran (l'influence culturelle française, malgré une complète carence de notre propagande, était encore vive — par antibritannisme — au pays du Shah). La répartition s'effectua ainsi : *Anglo Iranian Oil C^o: 40 %*, Groupes américains : 40 %, *Royal Dutch-Shell :* 14 %, *Compagnie française des Pétroles : 6 %*. En outre, une société hollandaise (capital 10 millions de florins) est chargée de la production, et une autre société hollandaise au même capital (H. Sandberg, Hollandais administrateur) s'occupe spécialement du raffinage. (Ces deux sociétés hollandaises, ne sont que des filiales anglaises).[32]

Comprenez bien cette opération du machiavélisme britannique : l'Iran est désormais paralysée *ad vidam* puisqu'en cas de nouvelle ruade, *quatre nations au lieu d'une seule* interviendront pour défendre « leurs intérêts nationaux » menacés. Même prétexte à intervention si les Azerbaïdjanais (poussés ou non par les agents soviétiques) prétendaient opérer un raid vers les champs

---

pétrolifères iraniens. *L'Iran, désormais dans le filet économique de quatre puissances du bloc occidental, s'érige en bastion anti-soviétique,* pétrole et diplomatie s'épaulant mutuellement. Tel est le danger de guerre que les pétroliers internationaux ont édifié en Iran que l'U.R.S.S. estime à tort ou à raison — zone naturelle d'influence soviétique.

Plus avant, nous donnons la liste des participants *à* l'Irak *Patroleum C°* consortium des pétroles de Mésopotamie (Irak). *Les adhérents et bénéficiaires du consortium des pétroles iraquiens sont rigoureusement les mêmes que ceux qui se partagent désormais les pétroles iraniens* (avec l'os à ronger du *6 %* à la France). Autrement dit : si l'Irak venait à être attaquée, cette défense commune *engloberait automatiquement l'Iran que la Grande-Bretagne n'aurait plus à défendre seule.* Mettre la France en position d'interlocuteur dans une éventuelle bagarre pour 6 %, c'est reconnaître que la peau des Français a vraiment peu de valeur ! Au point de vue diplomatie pratique britannique, c'est parfait, tirons notre chapeau. Rappelons simplement que le gouvernement français, par le jeu de ses actions privilégiées dans la *Compagnie Française des Pétroles,* était le maître de la décision sur la participation française dans cette affaire peu reluisante.

Nous nous contenterons de rendre hommage au courage malheureux et naïf du Dr Mossadegh, victime des pétroliers internationaux. L'aventure iranienne n'est pas terminée... surtout depuis qu'on l'obligea à adhérer au Pacte de Bagdad.

XII

DANGER DE GUERRE : LE PROCHE ET LE MOYEN-ORIENT REPRÉSENTE 55 % DES RÉSERVES MONDIALES DE PÉTROLE

Jadis réputés parmi les régions les plus pauvres du monde, le Proche et le Moyen Orient en détenant 55 % des réserves mondiales[33] de pétrole se classent, aujourd'hui parmi les plus riches. Cela ne signifie d'ailleurs pas que le simple fellah vit plus heureux qu'avant la découverte du pétrole, sauf au Koweit où l'émir Abdullah a aboli les impôts remplacés par les redevances des pétroliers anglo-américains.

Sans entrer dans les détails des questions pétrolifères du Proche et Moyen Orient, nous donnons un aperçu d'un vaste problème qui constitue un drame mondial. Nos lecteurs sont déjà au courant des affaires pétrolières de l'Irak, de la Syrie et de l'Iran. En Irak *(Irak Petroleum,* consortium anglo-franco-américano-Gulbenkian qui produit environ 40 millions de tonnes de naphte par an) après l'éviction de la France de Syrie et du Liban, l'Angleterre a construit un autre pipe-line allant du champ

---

[33] Ce pourcentage est une évaluation des techniciens que nous ne prenons pas à notre compte. Il est, en effet, difficile de parler de « réserves mondiales » lorsque des puits se tarissent et qu'on découvre de nouveaux gisements. Il n'en est pas moins vrai que les pays arabes apparaissent comme les plus riches en promesses de naphte, Afrique du Nord et Sahara y compris.

pétrolifère de Kirkuk, en Mésopotamie, à Baniyas, point de la côte méditerranéenne où le pétrole brut est embarqué directement, à bord des tankers. L'Irak, royaume indépendant, bénéficie (?) de garnisons britanniques et d'escadrilles de la R. A. F. Seul, pour l'instant, l'est de l'Irak est exploité par les pétroliers suivant une ligne approximative Nissibin-Bagdad, avec un autre champ pétrolifère dans la région de Bassorah.

Le pétrole laisse environ 120 millions de dollars par an dans les caisses du Trésor irakien (environ 5,5 millions d'habitants en Irak).

Une des conséquences du démembrement de la Turquie fut la perte de ses territoires pétrolifères ; on ne lui connaît qu'une exploitation en arrière-pays, Ramandg (près de Kurtalan). Il semble que le pétrole soit devenu un objet de répulsion pour les Turcs puisqu'ils ont refusé à des sociétés américaines des permis (les recherches pétrolifères, en 1953, malgré l'influence des conseillers américains à Ankara.

En Palestine, à Haïffa, les Britanniques avaient édifié une immense raffinerie moderne pour traiter le carburant brut anglais de Kirkuk arrivant par l'embranchement du pipe-line Abdu-Kemal-Haïffa. Depuis l'animosité israélo-britannique, les Anglais boycottent la raffinerie qui ne fonctionne qu'au quart de sa production en absorbant du pétrole brut venant du Vénézuela. Les Anglais n'envoient plus de pétrole à Haïffa.

Dans la presqu'île du Sinaï une importante exploitation pétrolifère (avec raffinerie) doit être jouxtée avec les puits de pétrole égyptiens d'Afrique (Hurgada, Ras Gharib, avec raffinerie à Suez). Parmi les principales sociétés exploitant le carburant égyptien : *l'Anglo Iranian* et la *Royal*

Dulch-Shell, britanniques, la *Standard Oil*, la *Californian Egyplian*, la *Texas Corporalion*, américaines.

Un consortium « *Petroleum Concessions* » (comprenant à divers titres la *Royal Dulch-Shell*, l'*Anglo Iranian*, l'*Irak Petroleum* et Caloust Gulbenkian) a acquis des droits de prospections pétrolifères sur le territoire d'Alep, en Palestine, en Transjordanie (protectorat occulte britannique, troupes britanniques à Akaba et R. A. F.), au Hedjaz, en Asie et aux îles Farsan (en mer Rouge). À part quelques sondages, aucune exploitation n'est connue jusqu'à ce jour dans ce domaine.

Reste l'Arabie proprement dite, ou Arabie Séoudite, terre de compétitions entre pétroliers anglais et américains depuis que feu le roi Ibn Séoud a évincé les Anglais (qu'il accusait de le voler) au profit ale leurs concurrents américains.

La côte arabienne, le long du golfe persique, a été littéralement déchiquetée par les querelles pétrolières et si Ibn-Séoud se tailla un empire à la force du poignet, il n'a pas osé s'attaquer aux « commandos » britanniques installés sur sa côte. D'une compétition entre pétroliers naquit des « petits États » plus ou moins indépendants.

Un jour, on a entendu parler de la principauté du Koweit... à cause du condominium pétrolier anglo-américain, parce qu'on avait préféré neutraliser le terrain d'une âpre lutte. Un chef sans importance y gagna le titre d'émir.

Puis se succèdent une série de principautés, Bahrein, Katar, Côte des Pirates, Kuria-Muria (100 habitants) qui, tout en étant évidemment « libres » sont sous la juridiction d'un gouverneur britannique dont la résidence est à Manama.

Ensuite viennent les Sultanats de Muscat et d'Oman, dont le premier serait encore sous influence britannique.

À l'ouest de la Côte des Pirates, s'étend un vaste territoire sans maître reconnu, l'Arabie et l'Angleterre n'étant pas d'accord. Mais ce pays sans souverain (bien proche des puits américains de Harad et Itmanya (Arabie) augmenté des Principautés de Trucial (la Côte des Pirates) et des Sultanats de Muscat et d'Oman ne font pas partie des concessions pétrolifères arabiennes et relèvent au contraire des concessions de *Petroleum Concessions* que nous avons déjà détectées sur la rive occidentale de l'Arabie.

Au Sud-Ouest, le protectorat britannique d'Aden et la zone protégée qui s'étend à l'Est, échappent aux pétroliers américains. À Aden, sans puits de pétrole à proximité, les Anglais édifient une raffinerie importante qui sera moins surveillée et plus indépendante que celle d'Abadan en cas de conflit. En mai-juin 1955, les tribus arabes de l'Hadramout se sont soulevées contre les Anglais d'Aden qui transforment leur base maritime *sur l'autre issue de la mer Rouge* en camp retranché militaire sans équivalence dans ce coin du monde. Les Américains avaient oublié que, si Suez commande l'entrée en mer Rouge, le Détroit de Rab el Mandeben contrôle la sortie. Les Britanniques, chassés du canal de Suez par les Américains, reconstituent une « tenaille » purement britannique avec Aden-Périm qui, avec l'apport de la Somalie ex-italienne leur assure la maîtrise des côtes du Golfe d'Aden, donc la surveillance de la partie orientale de la route des Indes ! Washington n'avait pas tout prévu. Aussi, enregistrerons-nous encore beaucoup de révoltes de tribus arabes contre le protectorat britannique d'Aden.

Les autres litiges en Arabie, nés de -l'hostilité des pétroliers anglais et américains, portent encore sur un territoire « neutre » placé entre le Sud-Est (le l'Irak et le

Nord de l'Arabie et sur un territoire côtier au Sud du Koweit. Dans ces deux enclaves sans maître, l'Arabie et le Koweit ne peuvent donner des concessions qu'à part strictement égales.

D'une géographie torturée hors de toute logique, par des intérêts privés, l'Arabie est un véritable nid à prétextes permanents de guerre. C'est pourquoi l'immixtion de la France dans les pétroles d'Iran est de plus en plus regrettable, alors que les Anglais s'installent, à notre place, dans les concessions pétrolifères (le l'Afrique du Nord et du Sahara.

Quand les Américains s'aperçurent que leurs gisements propres s'épuisaient et ne représentaient plus que 30 % des réserves mondiales de pétrole, ils évitèrent de perdre du temps en prospectant par eux-mêmes et cherchèrent à profiter des travaux des autres pétroliers (cela ne signifie pas qu'ils ne prospectent pas activement dans d'autres pays). Pour parer au plus pressé, ils offrirent un gros prix d'installation et cinquante pour cent de redevances sur les extractions, augmentés d'avantages en nature tels que : construction de routes ou de chemin de fer, d'immeubles administratifs, etc. Ils purent s'installer ainsi en Arabie Séoudite.

Malgré une bonne volonté poussée jusqu'à l'amabilité, t. out ne va pas toujours pour le mieux entre les prospecteurs américains et le gouvernement de Ryad, parfois difficile, ombrageux et retors. En mars-avril 1954, le roi a exigé une augmentation de salaires pour les ouvriers travaillant à l'Aramco. Sans sourciller, *l'Aramco a* proposé 20 % pour les bas salaires et 12 % pour les salaires de maîtrise. Et le prix du pétrole n'a pas augmenté d'un centime. Ryad voulait simplement se venger de l'effort américain en Irak ; il accusait les pétroliers yankees de vouloir faire passer la production pétrolière de l'Irak avant celle de l'Arabie. Mais un renseignement, datant du début de 1955, apprend que les recherches américaines dans l'Ouest de l'Arabie promettent *«d'éclipser tout ce qui est connu à ce jour en richesse de gisements...* » Or, l'Aramco *a* déjà dépassé les 40 millions de tonnes de naphte en Arabie, faisant tomber près de 190 millions de dollars par an dans la caisse du roi d'Arabie.

La *Californian Arabian Standard Oil Cy* (50 % *Standard Oil et* 50 % *Texas Corporation)* s'est d'abord installée en Arabie dans un périmètre Nord-Ouest-Sud-Est, allant du Sud de l'Irak (Jumaima) à la point extrême du sultanat d'Oman. Une série de forages en Nord-Est a donné des résultats immédiats. Quand *l'Aramco* est devenu la nouvelle raison sociale du groupe américain, la concession d'étendit à toute l'Arabie Séoudite sauf en sa partie centrale, le Nedjed. Le domaine pétrolier américain vient donc s'appuyer directement sur les frontières assez vaguement définies des enclaves d'influence britannique dont nous avons donné la liste. Retenons surtout que les concessions américaines bordent le Sud de la Syrie, de l'Irak et la frontière de Jordanie ; cette position transdésertique est importante pour la stratégie américaine si l'on se souvient de l'installation yankee en Égypte, en Israël, en Turquie et en Iran. Grâce aux installations économiques du pétrole, la ceinture-sud tressée autour de l'U.R.S.S. est à peu près complète jusqu'au Pakistan bénéficiant du plan Marshall.

Le condominium anglo-américain du Koweit (180.000 habitants) verse plus de 200 millions de dollars à l'émir Abdullah pour 45 millions de tonnes de naphte.

Or, les prospections pétrolifères n'ont pas encore couvert la millième partie de la péninsule arabienne !

Bien que les Américains aient réalisé un pipe-line de 1.800 kilomètres de longueur traversant toute l'Arabie (lu golfe Persique à la Méditerranée, l'évacuation du carburant demeure un problème aigu. Il ne suffit pas d'extraire le pétrole brut, il faut encore pouvoir évacuer ce carburant. En cas de guerre, il est probable que ces pipe-lines seraient dynamités ! Du golfe Persique à Marseille, un bateau pétrolier met 30 jours aller et retour, à la condition de pouvoir passer par le Canal de Suez qu'une seule bombe atomique suffira à mettre hors d'usage. Répétons-le, 93 % du pétrole de l'Europe occidentale vient d'Asie Mineure. La politique du pétrole à tout prix en Arabie et en Asie Mineure est donc une erreur économico-stratégique, alors que, depuis 40 ans, les sources pétrolifères d'Afrique et d'Europe ont été volontairement stérilisées. L'Asie Mineure donne environ 130 millions (le tonnes de pétrole brut par an ; elle produira deux ou trois fois plus. En 1948, la production mondiale (le pétrole se chiffrait à 471 millions de tonnes ; cinq ans après, elle était de 680 millions de tonnes et il n'existe pas d'invendus en carburants. Il est donc indispensable de connaître l'importance économique de l'Arabie et de schématiser sa gabegie politique pour comprendre le drame qui se prépare autour de cette richesse pétrolifère que la monstruosité des appétits a voulu entre les mêmes mains, les mêmes sociétés, les mêmes trusts, aux prix imposés par le pool universel des carburants.

DÉBUT DE LA GUERRE DES PÉTROLES DANS LE MOYEN-ORIENT

Eu juillet 1955, des tribus arabes de l'Hadramout (Sud de la péninsule arabienne) attaquèrent les forces britanniques du Protectorat d'Aden. Batailles sérieuses puisque la colonne anglaise envoyée en renfort fut cernée, que la R. A. F. dut intervenir et que des désertions furent enregistrées chez les « Aden Levies ». Le chef rebelle, Sahed Banahim Jadhrani, parut supérieurement armé et parfait tacticien.

Prétextes officiels : les tribus du Sud de l'Arabie jouissant d'un monopole des transports entre la côte et l'intérieur (toutes sortes de marchandises, y compris les esclaves noirs) ne voulaient plus se soumettre aux contrôles des patrouilles britanniques.

En réalité, les Anglais construisirent une raffinerie à Aden qu'ils transforment, depuis la perte du contrôle du Canal de Suez, en pince de sécurité qui commandera l'autre extrémité de la Mer Rouge.

L'évacuation forcée du camp d'Ismaïlia prit une tournure que ne prévirent pas les Américains. Sur les 75.000 hommes, environ 15.000 furent rapatriés vers la métropole, tandis que le complément était réparti dans une « ceinture-Sud » de l'Arabie : Jordanie, Aden, Somaliland, Kenya, Ouganda. Avec le matériel important venant d'Ismaïlia, c'est une véritable menace d'investissement de l'Arabie Séoudite que les pétroliers américains de *l'Aramco* semble redouter. (Souvenons-nous qu'ils enlevèrent les gisements pétrolifères d'Arabie aux sociétés anglaises). Sahed Banahim Jadhrain reçut vraisemblablement la mission d'opérer des « sondages » parmi les forces britanniques d'Aden... encore trop proches de l'Arabie au gré des pétroliers américains.

Jusqu'en 1950, les « spécialistes » ne pensaient pas que le pétrole existait autre part que dans les régions reconnues de l'Arabie orientale. C'est à tout hasard que, dans les parties en dehors du périmètre de *l'Aramco*-Arabie, un consortium acquit des droits de prospection en 1937. Ce consortium appelé *Petroleum Concession Lld* (ou *Pelroleum Developmenl Lld)* comprend *L'Anglo Iranian Oil Cy, la Royal Dulch-Shell, l'Irai, Petroleum Cy* et (héritiers de) C. Gulbenkian.

On parla de pétrole dans le protectorat d'Aden, on voulut se lancer plus avant, mais le peu chaleureux accueil des tribus yéminites dans la région frontière de Chabva-

Markha, frontière des plus vagues entre l'Arabie et le Yemen, les prospecteurs n'insistèrent pas, tout en demeurant persuadé que le pétrole existe à faible profondeur à Chabva oit un des chefs de l'Intelligence Service, Philby, trouva des roches contenant du pétrole brut.

Déguisés en Bédouins, des hommes parcoururent quand même ces déserts à la recherche des indices pétrolifères. Nous ne connaissons pas exactement les résultats de leurs prospections discrètes, nous ne les jugerons que par l'incident de Buraïmi. D'autre part, deux géologues en vacances décidèrent de visiter l'île de Socotora appartenant au Sultanat de Mahra, del'Hadramout oriental. Des vacances certainement payées puisqu'ils y découvrirent (1953) assez d'indices de pétrole pour nécessiter l'envoi urgent d'un groupe de techniciens venant par avion de Londres. Dès juillet 1953, la *Petroleum Concession Lld,* accordait une concession d'environ 50.000 mètres carrés à la *Riche field Oil Cie* (américaine) et à la *Cilies Services Oil C°* (anglaise).

Toute l'Arabie devenait pétrolifère en puissance. Le Yémen, réfractaire aux industriels étrangers, sortit de son indifférence lorsqu'en 1952, creusant un puits pour rechercher l'eau à Salif, on découvrit du pétrole à 90 mètres environ. Les Anglais ne sont plus en bons termes avec le Yémen qui se méfie aussi des Américains. Aussi, l'émir Saïf al-Islam al-Hassan, frère du souverain, partit-il en Allemagne recruter une équipe de prospecteurs. Une société allemande s'intéressa au pétrole yéménite et obtint une concession sur la plus grande partie du royaume du Yémen. Ibn Abbas, en face de Kmaran, sur la mer Rouge, serait un haut-lieu pétrolier yéménite.

Le contrat germano-yéménite comprend une clause de 25 % sur la production du pétrole, au profit de la société allemande, le Yémen fournit la construction des routes, les bâtiments, les ouvriers indigènes ; les Allemands ont la charge du personne et du matériel technique. Il paraîtrait, sans que l'on puisse obtenir confirmation, que des capitaux américains seraient derrière l'entreprise allemande...

Mystère sur les îles Farsan en Mer Rouge. La *Shell* y ayant obtenu une concession, commença à forer un puits vers 1922-1924, mais se retira quand le roi d'Arabie annexa l'Asie et les îles Farsan, en 1925. Elles font maintenant partie du périmètre de l'Aramco et, depuis 1954, les Américains les prospectent, assez discrètement semble-t-il, puisqu'on ne possède aucun renseignement sur leurs travaux.

Les îles Farsan, en cas de découverte pétrolifère pourraient donner lieu à un procès international. Une société anglaise privée avait acquis, avant 1914, les droits d'exploitation des îles Farsan qui faisaient alors partie de l'empire turc. Le traité de Paix qui démembra la Turquie reconnaissait la propriété acquise aux étrangers non ennemis. Les îles Farsan, bien que rattachées à l'Arabie Séoudite, n'en tombent pas moins sous les stipulations du traité de Paix. La société anglaise attend peut-être que d'autres découvrent le pétrole à sa place pour le revendiquer. Ce qui explique sans doute la prospection discrète de *l'Aramco.*

L'Arabie occidentale et l'Arabie méridionale que chacun dédaignait il y a quelques années deviennent donc des terres pétrolières, objets de compétitions violentes, si violentes que, le 5 octobre 1955, une note publique du Foreign Office levait un coin du voile sur la guerre froide du pétrole. Il semble d'ailleurs que, depuis que les Américains ont obtenu une part des pétroles anglais d'Iran, jadis gâteau exclusivement britannique, ils prennent moins de précautions pour bousculer les concurrents anglais.

Parmi le déchiquetage de la côte orientale arabienne décidé par les diplomates-hommes d'affaires, demeurait un litige sur la frontière des Principautés de Trucial (Côte des Pirates) et du Sultanat voisin : la région-oasis de Buraïmi. Si Buraïmi est à l'Arabie, l'Aramco y est maître, si elle relève du Protectorat anglais (protectorat d'ailleurs vague et théorique) c'est à la *Petroleum Concessions Lld.* (D'après une carte suisse que nous fîmes venir spécialement, Buraïmi appartient soit aux Principautés de Trucial, soit au Sultanat, mais en aucune manière à l'Arabie Séoudite). Il faut donc admettre que l'on nous cache beaucoup de choses et qu'il existe vraiment des prospections occultes puisque Anglais et Arabio-Américains en viennent aux notes diplomatiques pour se disputer cette tête d'épingle perdue dans le désert ! Or, on ne se commet point pour une chose sans valeur dans cette péninsule où la plupart des frontières sont arbitraires et vagues.

Le Foreign Office accusa donc publiquement le roi d'Arabie Séoudite d'avoir offert une somme de 30 millions de livres sterling (30 milliards de francs) au cheikh Zaïd pour s'installer dans la région de Buraïmi « en chasser *l'Irak Petroleum* » et lui « substituer la société américaine *Aramco* ».

En réalité, le litige existe depuis 1952. À qui le pays ? Aux Arabes assurément, mais aux Arabes « anglicisés »ou aux Arabes « américanisés » ? Toute la question est là. C'est l'histoire du Grand Chaco !

Londres porta le litige devant le Tribunal International. Le juge britannique démissionna, bientôt suivi du président du Tribunal. Le Juge désigné par l'Arabie Séoudite n'était autre que le cheikh Youssef Yasin, un des agents chargés d'annexer *manu militari* Buraïmi, escorté de « témoins » entièrement fabriqués par lui. Devant ces révélations, le tribunal préféra ne pas siéger et le litige demeura entier.

Cette attente arrange les Arabes qui font payer (souvent des deux côtés à la fois) leurs services, mais ni les Américains, ni les Anglais. Aussi devant le coup de main pour « la politique du fait accompli » — Si souvent employé par les Britanniques (en Syrie notamment) — qui se préparait, le gouvernement de Londres réagit-il préventivement en dénonçant le cheikh Zaïd, propre frère du prince Abu Dhabi, bénéficiaire de l'offre de 30 milliards, plus le règne sur la région, plus 50 % des bénéfices pétroliers de Buraïmi. Et la note d'accuser non seulement le Roi d'Arabie mais aussi les inspiratrices « les compagnies pétrolières d'outre-atlantique ». Les Britanniques, après quelques semaines d'expectative, ont occupé militairement la région contestée. Les Américains ont promis de se venger...

Relevons quand même une « erreur » du Foreign Office. Dans sa note il est parlé de *l'Irak Petroleum à* évincer au profit de l'Aramco. Petite contre-vérité pour tenter d'indigner les Français participant pour un petit quart (au même titre que les Américains d'ailleurs) dans l'Irak *Petroleum.* Or, cette région de l'Arabie doit toujours se trouver sous contrôle de *Petroleum Concession Lld,* groupe de quatre Molochs DONT *l'Irak Petroleum Cy,* ce qui rend insignifiante la part de la France comme celle des U.S.A., tellement insignifiante que les Américains préfèrent l'avoir pour eux seuls ! Cette petite mise au point ne change d'ailleurs rien à la question des convoitises de Londres et de Washington sur l'Arabie, devenu le baril de poudre du monde.

XIII

LA GUERRE FROIDE
DU PÉTROLE DEVIENT CHAUDE

La France possède plus de 3.300.000 véhicules motorisés, sans compter ceux de l'armée. Elle a besoin de 22 millions de tonnes de carburant par an (elle en produit environ un million de tonnes, *avec l'Algérie et le Maroc*).

L'U.R.S.S. à cinq fois plus d'habitants que la France répartis sur 21 millions de kilomètres carrés (France 550.000 km2), donc distances beaucoup plus considérables à couvrir. Pour arriver à la situation de la France, il lui faudrait cinq fois plus de carburant, soit 110 millions de tonnes. Elle n'extrait de son sol que 55 millions de tonnes (près de 70 avec ses États satellites).

La Chine compte entre 550 et 600 millions d'habitants. Elle produit environ un million de tonnes par an avec le Sinkiang, c'est-à-dire presque rien. Or, la Chine, pays arriéré, a besoin de carburant en quantité importante pour se moderniser ; c'est un débouché extraordinaire pour les pétroliers et les industriels. C'est pourquoi Londres et Washington se disputent pour essayer de l'accaparer.

Le monde peut fournir deux fois plus de carburant, il sera absorbé, telle est la raison pour laquelle, loin de se calmer, la lutte pour le pétrole s'amplifie de jour en jour, malgré la naissance et la prochaine utilisation de l'énergie atomique. Le manque de pétrole pour certains pays sera une des trois ou quatre causes plus ou moins avouées de la prochaine guerre mondiale.

On a vu que l'U.R.S.S., en un temps, était exportatrice de carburant qu'elle essayait de vendre malgré l'opposition anglo-américaine. Or, en 1952, des tankers passèrent par les Dardanelles, en Mer Noire, pour livrer du pétrole « occidental » à la Russie. Les revues spécialisées de l'époque ne manquèrent pas de remarquer que les chiffres de production donnés par les Soviets étaient faux, ou bien la constitution de stocks nouveaux de réserves était importante. On a évalué ces importations à 90 millions de barils, soit 13 millions de tonnes. L'essence étant une matière semi-périssable qu'il faut renouveler, nous pensons serrer davantage la vérité en disant que l'U.R.S.S. ravitaillait la Chine en carburant puisque tout n'allait pas pour le mieux entre Mao Tsé Toung et les Américains. D'ailleurs, il convient d'être assez prudent sur tous les chiffres statistiques venant de Russie, Moscou pouvant avoir des raisons de ne pas laisser deviner des desseins stratégiques qui se dévoilent souvent à travers des indices économiques. (À la faveur des importations de carburant, le général Serrigny a discerné, en 1938, la préparation de la guerre motorisée à outrance en Allemagne). Il en est de même des chiffres des compagnies pétrolières ; moins elles annoncent de tonnage, moins elles paient de redevances au Trésor public du pays où elles sont installées. Il est bon de citer des chiffres, mais sans trop s'hypnotiser sur leur valeur réelle (exactement comme les indices du coût de la vie du gouvernement français, toujours de variation insignifiante pour éviter le déclenchement de l'échelle mobile.)

Moscou a donc importé du pétrole. S'il ne découvre pas d'autres sources pétrolifères directes et qu'il développe sa politique des biens de consommation pour atteindre seulement le niveau de la France, avec quinze millions de véhicules motorisés (plus l'armée), il aura besoin du double de carburant qu'il produit sur son sol. Le pays s'équipe, il a relativement peu de chose à exporter, pour l'instant, à part le blé. Il défriche trois millions d'hectares pour obtenir cette monnaie d'échange internationale. Si, pour des raisons quelconques il ne l'obtient pas, l'U.R.S.S. devra-t-elle stopper son développement faute de carburant ?

Même raisonnement, plus aggravant pour la Chine qui, pour les quatre cinquièmes de son territoire en est encore au stade primaire. Là, c'est un pays presque exclusivement agricole, donc d'exportations de faible valeur, alors qu'elle doit surtout importer — en attendant de les fabriquer elle-même — les outillages modernes les plus divers à prix élevés. La Chine est meurtrie depuis quarante ans par les guerres civiles ; le produit des exactions et des pillages disparaît vite. Quand la fureur politique a passé ; il faut des moteurs pour équiper un pays de près de 600 millions d'habitants. La production de pétrole connue de la Chine est, répétons-le, d'environ un million de tonnes par an. Avec quoi achètera-t-elle ce carburant (entre autres produits) si elle refuse comme elle en a l'intention, de gager ses ports, ses douanes, ses chemins de fer, à l'étranger en échange de prêts ou d'emprunts ? Un drame se noue au cœur de l'équipe de la Chine moderne qui *veut* aller de l'avant mais qui ne *peut* pas, ou parce qu'elle n'a pas les moyens d'acheter ou parce que les centres de production des matières indispensables ont été accaparés dans le monde par un consortium qui a institué un pool mondial. Un particulier se forge une raison pour équilibrer son budget et son désir, mais que se passe-t-il lorsqu'il s'agit de l'existence de tout un pays où, il y a moins de dix ans, existaient encore les marchés publics d'enfants vendus pour procurer un peu d'argent au foyer ?

Nous ne raisonnons pas théoriquement en exposant ces graves problèmes ; nous faisons état d'une importante documentation ramenée récemment de là-bas par un Français éminent (rapport privé). « ...*J'ai trouvé*, écrit-il, *des hommes capables de faire sauter le monde plutôt que d'échouer dans leur tâche !* » Des hommes ajouterons-nous, demeurant intransigeants sur le fond malgré leurs besoins, puisqu'en août 1954, la Chine n'a pas hésité à confier à la compagnie soviétique *Kwong Hwa Petroleum* les installations chinoises de la société américaine *Standard Vacuum Oil*. De même, les exploitations pétrolières britanniques en Chine (citées dans l'orgueilleuse déclaration de Sir E. Mackay en 1920) sont maintenant sous direction sino-soviétique, particulièrement dans le Sinkiang. Il paraît difficile de demander l'aide de ceux à qui on supprime ce qu'ils possèdent ; avec les Français, l'opération pourrait encore se réaliser, mais avec les Anglais et les Américains, peuples marchands de jungle, il est à craindre que quelque chose finisse par accrocher surtout lorsque Mao Tsé Toung parlera de Hong-Kong, suivant le slogan xénophobe : « la Chine aux Chinois »

L'histoire récente sert rarement aux gouvernants qui pensent toujours refaire l'Histoire avec leur sceau personnel. Quand le Japon envahit la Chine, j'ai écrit[34] que l'avance japonaise en Chine visait l'Indochine, le Siam, la Birmanie et l'Indonésie. J'ai expliqué les raisons de cette lente progression. Le Japon, industrialisé, militarisé, manquait d'un produit essentiel : le pétrole. L'achat de carburant étranger obérait ses finances ; d'un autre côté, la constitution de stocks pouvait éveiller des soupçons ou des craintes à l'étranger sur ses projets. J'ai cité la phrase (1938) d'une personnalité japonaise : « Un peuple sans ressources personnelles de carburant sera toujours sous la dépendance de l'étranger... Si de meilleures méthodes, une main-d'œuvre plus habile et moins onéreuse lui permettent

---

[34] Paris-Midi,,des 4 et 5 mars 1939.

de fabriquer des produits à un prix moins élevé que la norme mondiale en vigueur, en vertu du jeu des ententes industrielles qui existent en Occident, nous risquons de nous voir supprimer des livraisons de matières premières si nous refusons de hausser nos tarifs à une marge bénéficiaire scandaleuse pour nous. » Le Japon qui poussait l'industrialisation de la Corée et de la Mandchourie, avait besoin de sources personnelles de carburant. M. Mitsahui avait résumé le « devoir » national dans le texte ci-dessus.

Pour devenir un grand pays asiatique, le Japon est parti à la conquête du pétrole : Chine (pétrole du Sinkiang), Indochine (pétrole dans la plaine des Joncs), conquête des Philippines (pétrole), de Java et Sumatra (berceau de la *Royal Dulch)* et de toutes les terres à pétroles qui leur font suite. Il avait « nipponisé » le Siam, entre l'Indochine et la riche Birmanie britannique pétrolifère. Le Japon voulait du pétrole en possession directe, rigoureusement indispensable au standing d'une grande nation.[35] Il a échoué car il ne possédait pas l'atome. Instruit par l'expérience, il repartira mais cette fois, avec la communauté Jaune continentale, qui bénéficiera de l'atome soviétique. La Chine a besoin de ses techniciens et le Japon étouffe sur ses îles avec sa prodigieuse progression démographique.

L'aventure japonaise dont nous avons annoncé le but exact en « raisonnant pétrole », sera demain, l'aventure soviétique et l'aventure chinoise. La guerre de maquis sévit depuis six ans en Malaisie caoutchoutière et en Birmanie pétrolifère. Les Anglais prétendent qu'il s'agit d'éléments japonais surpris par la défaite; fusionnés avec des « communistes chinois ». Si cela est exact, la liaison est déjà établie. Malgré une répression impitoyable, des renforts

---

[35] Même dessein chez Hitler occupant la Pologne (250.000 t), la Tchécoslovaquie (120.000 t) et la Roumanie.

incessants, les maquis tiennent toujours la brousse dans les régions pétrolifères. La Birmanie en exploitation sera la première étape peur augmenter la production de carburant chinois, en attendant d'en trouver en Chine (un rapport géologique de 1927 laissait prévoir, en Gobi particulièrement, des espérances pétrolifères).

Mais c'est tout de suite que le pétrole est nécessaire. Genghis Khan, après Attila et avant Tamerlan, a montré que les expéditions lointaines n'effrayaient pas les Jaunes. Les pays d'Extrême-Orient et l'Indonésie (prêts à tomber dans l'orbite idéologique de la Chine nouvelle) n'ont qu'une production d'environ 20 millions de tonnes de naphte annuellement, à peine la consommation française en douze mois! *Alors, pourquoi l'Arabie pétrolifère appartient*-elle aux Blancs plutôt qu'aux Jaunes qui ont deux siècles de retard à rattraper ? Le Turkestan chinois n'est-il pas voisin de l'Afghanistan qui touche à l'Iran ? L'Indien Nehru ne soutient-il pas les thèses de Mao Tsé Tung ? Qui pourrait s'opposer au passage d'une expédition chinoise descendant du Turkestan chinois vers le Baloutchistan et l'Iran proches de la péninsule amibienne ? Nous ne rêvons pas, nous savons que certaines chancelleries suivent avec une extrême attention tout ce qui touche à ce coin du monde dans le sens que nous schématisons. Les Anglais en abandonnant volontairement les Indes, en créant un consortium pétrolier international en Iran, en reconnaissant les premiers Mao Tsé Tung, en lâchant la France en Indochine (Genève 1954) au profit de Ho Chi Minh et de ses alliés chinois et soviétiques, n'essaient-ils pas de se ménager les bonnes grâces jaunes ? En politique à longue échéance, le Foreign Office a toujours possédé des dons remarquables. La poussée sera-t-elle exclusivement asiatique ou soviéto-asiatique ? Trouverons-nous les Slaves du côté de l'Europe pour essayer d'endiguer la marée chinoise ?

Dans le rapport privé du Français parlant le chinois et connaissant bien l'Extrême-Orient,[36] nous relevons cet autre passage : « ...Mao Tsé Tung n'est pas Tchang Kaï Chek ; il est entouré par une équipe qui, fait nouveau dans l'histoire de la Chine, est animée de *patriotisme chinois*... Tôt ou tard, ce pays sera poussé à une « guerre de la faim », c'est-à-dire à une guerre pour une mise en valeur économique répondant aux besoins normaux d'une population de près de 600 millions d'habitants... Si les Blancs ne comprennent pas cet appétit normal de la Chine, *s'ils refusent de s'adapter à une répartition mondiale dès sources de matières premières* et à une *coopé*ration internationale, particulièrement en ce qui bonccerne les sources d'énergie, alors le péril jaune, cette vieille antienne, deviendra une réalité... La vie humaine ne compte pas en Asie... Avant 1960, dix millions de Jaunes seront équipés... ils auront un moral de conquérants... ils iront prendre les matières premières qui leur font défaut, là ou elles se trouvent... Leur premier but sera le pétrole d'Asie Mineure... »

Le problème pour la Chine se pose de la même façon que pour le Japon en 1939.

Il aura la même conclusion si les égoïsmes ne veulent pas le prévoir.

Offrons ces chiffres à la méditation du lecteur : le bloc U.R.S.S. satellites-européens-Chine-Extrême-Orient (y compris les Indes) dispose de 82 millions de tonnes de pétrole en source directe *pour plus de la moitié de la population du globe*. Le reste du monde favorable au bloc occidental contrôle directement 572 millions de tonnes de carburant. Toutes les conférences internationales ne changent rien au problème d'une minorité qui détient le sort d'une majorité.

---

[36] Sur sa demande nous lui conservons l'anonymat.

À titre documentaire, signalons que l'Apocalypse de Jean situe prophétiquement la bataille finale, la « der des der » à Harmaguedon (qui, traduit de l'hébreu, veut dire Megido). Or Megido est une vallée de Palestine située entre le lac de Tibériade et le golfe de Saint-Jean-d'Acre, c'est-à-dire sur le chemin qui mène de l'Asie au Canal de Suez... Nous laissons la responsabilité de cette prédiction au chapitre XVI-16 de l'Apocalypse. Mais sait-on que les Écritures saintes ont tout prévu, l'invasion jaune vers l'Occident et même le pétrole, puisque la Genèse (XIV-10) note : « *La vallée de Sidim était couverte de puits de bitume...* » ?

STRATÉGIE DU PÉTROLE EN MOYEN ET PROCHE ORIENT

Les intérêts économiques considérables des États-unis et de la Grande-Bretagne en Proche et Moyen-Orient devaient fatalement amener ces pays à prendre le contrôle de positions stratégiques, politiques et diplomatiques, aptes à la défense éventuelle « des intérêts nationaux » respectifs répartis dans ce coin névralgique du monde. Bien que ces intérêts économiques soient liés en partie, nous assistons à une lutte saris pitié des services secrets et des diplomates entre Anglais et Américains. Répétons ce que nous avons écrit au sujet des U.S.A. en Espagne, Washington n'a plus qu'une confiance mitigée dans l'attitude définitive de Londres dans le cas d'un troisième conflit mondial. Le Pentagone s'organise donc comme s'il ne devait pas compter sur l'Angleterre.

La Turquie, l'île de Chypre, Israël, Égypte, l'Iran et l'Arabie Séoudite comptent déjà des missions militaires ou des conseillers américains.

L'Irak, la Jordanie et Chypre ont des garnisons militaires britanniques. Des escadres anglaises stationnent en permanence en Méditerranée occidentale, dans le golfe d'Aden et dans le golfe Persique.

L'Irak, la Turquie et l'Iran sont liés par un « pacte défensif » dirigé contre l'U.R.S.S. puisque les deux pays ont une frontière commune (mer Noire-Caspienne) avec les Soviets. L'accord réalisé pour les pétroles iraniens, la diplomatie a cimenté l'entente commerciale.

Pourquoi toutes ces forces avancées ou occultes en Asie Mineure ?

Les états-majors anglais et, américain ont la même préoccupation : ils redoutent, disent-ils, une attaque soviétique (avec ou sans les Jaunes) dirigée vers le Canal de Suez.

En cas de nouvelle guerre mondiale, cette éventualité est logique. Qui contrôlera le canal de Suez, tiendra le ravitaillement de l'Europe, surtout en carburant Qui établira la jonction Arménie-Égypte, coupera tous les pipe-lines qui viennent déverser le carburant directement dans les ports méditerranéens de' Baniyas, Tripoli, Saïda et Haïffa. Autrement dit, en isolant l'Asie de l'Europe, on enlèvera à cette dernière toute possibilité de recevoir les 93 % de sa consommation de pétrole. *C'est pourquoi la « ligne » U.R.S.S.-Suez est considérée comme la ligne vitale pour la stratégie atlantique*, car il suffirait à la flotte sous-marine soviétique (la plus importante du monde) de bloquer les côtes atlantiques pour amener rapidement une disette de pétrole en Europe sur le pied de guerre.

Ce schéma de la « stratégie du pétrole » va permettre de comprendre bien des événements.

La Grande-Bretagne a dominé incontestablement l'Asie Mineure tant qu'elle régnait — même de façon occulte - en Égypte Elle avait constitué un « front du canal de Suez » défendu par un camp retranché unique : 800 milliards de matériel et 75.000 hommes massés à Ismaïlia, avec R. A. F., bombardiers lourds, etc. Ces forces se trouvaient à pied d'œuvre pour être dirigées immédiatement vers n'importe quel « intérêt britannique menacé » en Asie Mineure.

Le flirt Londres-Moscou a rompu la collaboration effective anglo-américaine et, dans l'appréhension que cette force britannique stationnée à Suez ne tienne un rôle contraire aux intérêts américains, la lutte anglo-américaine s'est engagée en Égypte Les États-unis y ont mis le prix : abdication du roi Farouk « machine à signer » du Foreign Office, émeutes anti-britanniques, blocus de la zone anglaise, etc. Le général Naguib qui voulait bien travailler pour Égypte, mais non pour les étrangers, a dû partir à son tour et le colonel Nasser « l'homme des Américains » gouverne Égypte désormais zone d'influence américaine. Quant aux Égyptiens qui firent la révolution au nom de la « réforme agraire », ils attendent toujours la répartition des terres...[37]

Les Britanniques évacuent lentement Ismaïlia... espérant un revirement ou des événements. Ils se replient sur Chypre et sur Aden avec dépôts pour bombes A et H. À Chypre, se déchaîne tout à coup de violentes manifestations anti-anglaises pour le rattachement de l'île à la Grèce. Bref, les rapports anglo-américains manquent de cordialité sur le front d'Asie Mineure.

---

[37] Il se pourrait que les exigences américaines commencent à lasser les dirigeants égyptiens et que le colonel Nasser regarde à nouveau vers Londres. Il a été écrit que « Nasser s'était révélé un agent de Londres à la Conférence de Bandoeng ». D'autre part une autre guerre israélo-musulmane pourrait bouleverser les positions acquises puisque les U.S.A. sont protecteurs officiels d'Israël et que l'U. R. S. S. arme les musulmans.

Londres ne se tient pas pour battue. Ses agents musulmans reprennent l'idée de Th. Lawrence : une organisation musulmane « Le Croissant fertile » intrigue en Asie Mineure pour la constitution d'un « royaume de Grande Syrie » comprenant l'Irak (5 millions d'habitants), la Syrie (3,5 millions d'habitants) et la Jordanie (1,5 million d'habitants). Le but de cette tentative de fédération n'est pas le bonheur du monde arabe par son unité, pour son mieux être ; il est double. La mise en commun des ressources (et des armées surtout) de ces dix millions d'habitants secrète les calculs suivants : 10 régler le compte d'Israël devenu anglophobe et américanophile au point que les pétroliers anglais ont préféré stériliser le pipe-line Kirkuk-Haïffa et fermer la raffinerie d'Haïffa, (milliards investis sans rapport) ; 20 se servir de cette force pour la dresser contre le royaume d'Arabie Séoudite (5 à 6 millions d'habitants) qui a chassé les pétroliers anglais au profit de leurs confrères américains.

Si la Jordanie est acquise à ce projet de «Grande Syrie », l'Irak est partagé ; les agents américains et soviétiques (hostiles au projet) tentent d'influencer les hauts fonctionnaires irakiens ; la cour serait en partie favorable aux Anglais. Bref, l'opération n'est pas encore au point en faveur du projet britannique et il n'est pas exclu de penser que les Kurdes s'opposeraient à la réalisation de cette union. Néanmoins il ne faut pas oublier que l'armée irakienne est sous contrôle britannique.

Quant à la Syrie, depuis le départ des Français, elle erre lamentablement de l'influence américaine à celle de l'Angleterre. Ses caisses sont souvent vides, l'Arabie séoudite comble les trous... Depuis l'assassinat du colonel El Zaïm (officier sortant de Saint-Cyr), de son premier ministre Moshen Barazi, le pays ne sait pas où il va parce que, sur son territoire, passent trois pipe-lines, un français, un anglais et un américain !

El Zaïm, l'anglophobe mort, le 14 août 1949, Hachem Atassi l'anglophile le remplace ; c'est le moment que choisit l'officieux *Observer* de Londres (19-8-49) pour lancer un « ballon d'essai » diplomatique « *...Maintenant on va de nouveau assister à une lutte d'influence dont la Syrie sera l'enjeu entre les États arabes d'une part, et entre la Grande-bretagne et la France d'autre part. Et pourtant, la nécessité pressante d'un « New Deal » se fait sentir dans toute celle région.*

« *Le gouvernement britannique a passé en revue avec ses experts, la situation au Moyen-Orient, et le roi Abdullah, l'un des chefs arabes les plus puissants (sic) se trouve en ce moment à Londres. Si la Grande-Bretagne, la France et les États-unis pouvaient se mettre d'accord sur un projet d'aide économique à celle région tout entière au lieu d'accorder, chacun de son côté des subsides à des partisans favorisés, le problème des réfugiés, héritage de la guerre en Palestine, pourrait être résolu et les possibilités de futures explosions en Moyen-Orient, seraient grandement diminuées.*

Autrement dit, quand Londres croyait tenir en main deux atouts essentiels du jeu diplomatique en Asie Mineure (Syrie et Transjordanie), le Foreign Office faisait suggérer une entente, sur le *statu quo* bien entendu. *Entente que la France réclamait depuis 1920, lorsqu'elle régnait en Syrie.*

À cet appel, les États-unis ne réagissent pas, la France non plus ; elle se souvient du général anglais Spears en 1945, se joignant aux émeutiers syriens pour chasser les Français ! Depuis, les politiciens se succèdent en Syrie et dès que l'un va s'engager dans une politique trop favorable à Londres ou à Washington, coup État ou assassinat ! Les États-unis et l'U.R.S.S. s'opposeront par tous les moyens au projet de « Grande Syrie » à direction probritannique. Ce qui ne veut pas dire qu'ils ne réaliseraient pas le projet pour leur compte si chacun pensait pouvoir en prendre la direction. À notre avis, l'U.R.S.S. a des chances de réussite supérieures aux autres ; dans un projet d'unification arabe, elle a eu l'habileté de créer un bréviaire marxiste adapté avec beaucoup de sagacité à la religion coranique et à l'atavisme musulman (communautés des tribus) qui a séduit les Kurdes devenus ses zélateurs. Les Kurdes comptent parmi les meilleurs guerriers de la région avec les Druzes.

Voilà, dans les grandes lignes, où en est l'Asie Mineure, à cause de la « stratégie du pétrole » opposant Anglais et Américains. Tout, dans les pays orientaux n'étant qu'une question d'argent, il est difficile de prévoir la composition des camps qui seront en présence demain. Pour les populations du désert qui n'attachent qu'une importance secondaire aux « gros sous » et une préférence à l'idée se liant avec la religion, nous accorderons une chance supplémentaire à la tactique soviétique, bombes atomiques mises à part évidemment !

INCIDENCES EN AFRIQUE DU NORD

La prise de position américaine en Asie Mineure a des répercussions considérables en Afrique française.

Les États-unis ne possédant pas de colonies ou de protectorats en Asie Mineure, ne peuvent compter que sur les armées locales du Plan Marshall ; ils savent que l'ensemble serait insuffisant et ne servirait qu'à retarder une avance militaire adverse. Les distances n'effraient pas les Américains qui ont en mémoire les armées de Bonaparte et de Rommel longeant les côtes africaines pour aller au Caire. Ils ont regardé la carte.

Le Maroc est un excellent point de débarquement pour les bateaux venant d'Amérique. L'hiver 1954-1955, je suis allé en Afrique du Nord pour constater que Tanger perdra sa neutralité à cause des champs de pylônes qui transmettent la propagande américaine par T. S. F. aux quatre coins du monde. Ben-Guerir, Nouaçeur, Sidi Slimane, autant de dépôts de matériel de guerre qui s'enflent chaque jour davantage ; à ladhia, construction d'un nouveau port « américain » pour hydrocarbures assure-t-on. Sans compter le reste... « L'Ismaïlia anglais » est, pour les États-unis, au Maroc Routes développées, la rocade-Sud améliorée à travers l'Algérie, on creuse dans le roc à Bizerte. Alors, au moindre signe, au moindre incident, la masse d'acier motorisée traversera en trombe l'Afrique du Nord, la Libye et Égypte pour atteindre le canal de Suez... [38]

Pour cette opération, qu'il n'est plus possible de cacher, il est absolument indispensable que l'Afrique du Nord française soit *sûre*. Une adversité ou même une neutralité rendrait délicat le chemin Casablanca-Le Caire. Devant l'incertitude de l'attitude française le jour H, la manœuvre qui réussit en Égypte contre les Anglais a recommencé en Afrique du Nord contre la souveraineté française.

---

[38] Le 11 août 1955, le secrétaire État américain M. John Foster Dulles a exprimé la « *haute satisfaction causée aux U.S.A. par les accords franco-tunisiens ratifiés par la France* ». Le commentateur de l'agence officielle A. F. P. à Washington a ajouté (journaux français du 12 /8 /55 : « *...On sait que les États-unis attachent à cette partie du monde* (Afrique du Nord) *une importance stratégique primordiale tant au point de vue de l'Alliance Atlantique que de celui des plans de défense «globaux» du monde libre. Les bases aériennes américaines au Maroc en sont la manifestation concrète* ».
Nous ne pouvions souhaiter plus précise confirmation de la « stratégie du pétrole ».

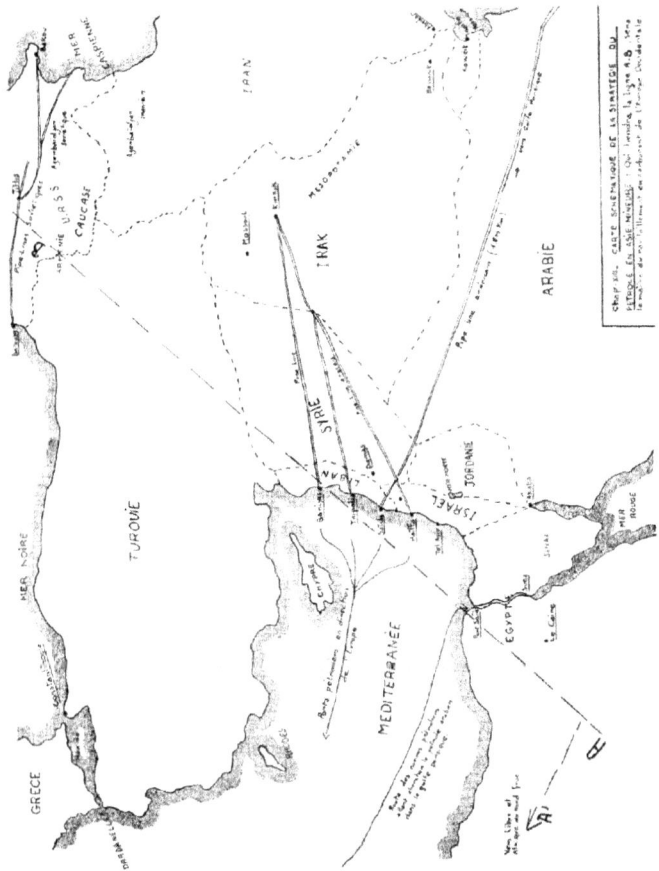

Hélas, chez nous, c'est plus grave ! Le manque de lucidité[39] et d'énergie des gouvernements français dure depuis 1923. L'opération du Pentagone en Afrique du Nord, n'a pas échappé à l'attention des Britanniques redoutant que l'installation militaire américaine soit le prélude de l'installation économique. Or, la Grande-Bretagne rêve de se retailler un empire colonial sur le dos de la France ! (En 1945, révoltes en Kabylie, en Indochine, à Madagascar, en Syrie. À l'origine, partout, des agents britanniques dans les coulisses !) Aux manœuvres américaines en Afrique du Nord, misant sur des industriels français nord-africains et sur certaines minorités indigènes, la Grande-Bretagne a réagi avec d'autres clans indigènes pensant que si la France est contrainte de partir, elle sera présente par le truchement d'interlocuteurs valables. Londres a déjà gagné (momentanément) en Tunisie.

Londres et Washington étant aux prises en Afrique du Nord, l'U.R.S.S. ne pouvait demeurer impassible puisque la stratégie américaine du Proche-Orient est dirigée contre elle. À son tour, elle lance ses ondes (Radio-Budapest) dans la bagarre ainsi que d'autres clans indigènes pour tenter de noyauter les autres mouvements à son profit. Et, cette lutte occulte anglo-américano-soviétique oblige les soldats du contingent français à faire la guerre en Aurès et en Kabylie, après la Tunisie, en même temps qu'au Maroc !

En 1950, une escroquerie morale de l'O.N.U. réunifie la Libye voisine de la Tunisie, après la conférence secrète anglo-américaine de Tobrouk. La Libye devient protectorat occulte britannique avec un roitelet violemment francophobe imposé par l'Intelligence Service. La Libye

---

[39] À la Conférence de Lisbonne, la France a abdiqué sa souveraineté militaire en Afrique du Nord en cas de guerre.

signe trois traités avec Paris, Londres et Washington. En 1954, le gouvernement libyen déchire le traité français, nous intime l'ordre de nous retirer du Fezzan (pour lequel nous payions une « location » de 360 millions par an) *el confirme à titre définitif les traités d'alliance avec la Grande-bretagne et les États-unis* La mise à mort de la France en Afrique du Nord venait d'être confirmée, malgré la petite aumône accordée, par l'entremise britannique, en août 1955.

C'est de Libye (de Naleuf et Zuéra) que vinrent les émeutiers tunisiens et algériens, les parachutages d'armes en Aurès, l'argent pour les révoltés c'est d'Irak (armée britannique) que vint l'officier El Aziz dans les rangs des rebelles Kabyles. Et Radio-Tétouan (contrôle espagnol) joint sa voix francophobe à Radio-Le Caire parce que le dollar tinte désormais à Madrid. Nous sommes des mieux documentés sur toute cette affaire nord-africaine qui pouvait se reconsidérer si des hommes luttaient pour leur indépendance réelle. Mais nous ne nous trouvons qu'en présence de puissances étrangères qui ne cherchent qu'à se substituer à la France, directement ou indirectement. Les précédents jordanien, irakien, syrien, libyen, iranien, égyptien, éclairent, désormais les plus aveugles.

En plus de cette route stratégique américaine Maroc-Orient, se présente pour la France une autre complication qui intéresse vivement les Britanniques : le pétrole nord-africain et peut-être l'uranium du Tibesti (sud du Fezzan) où les méharistes français ont refoulé des colonnes motorisées anglo-libyennes « égarées » (1954-1955).

Et les Américains ne sont pas contents de voir la part du lion réservée aux pétroliers anglais en Afrique du Nord française.

Nous ne traiterons pas le drame du « pétrole français ».[40] Sachez simplement qu'au lendemain de la guerre 39-45, la France a consenti des concessions pétrolifères de 140.000 km2 à des filiales de la *Royal Dutch-Shell* et de la *Standard Oil* en Tunisie ; les troubles ont immédiatement commencé dans la Régence et M. Bourguiba a été reçu officiellement à Londres par des délégations de parlementaires anglais et au Foreign Office. L'Algérie et le Sahara sont désormais chasses gardées et minutieusement cadastrées par des sociétés pétrolifères françaises, à façades françaises et anglaises. Les pétroles du Maroc ont été attribués occultement à une société britannique. Maintenant, il est permis à chacun d'avoir une opinion sur les causes *réelles* des troubles nord-africains.

Le plan des pétroliers anglais et américains est le suivant. Tant que l'Asie Mineure fournira le pétrole nécessaire à la consommation de l'Europe, il est inutile de créer d'autres centres de production qui concurrenceraient les puits en exploitation. Cela n'empêche pas d'acquérir des concessions sur les anticlinaux favorables africains et d'y lancer des prospecteurs pour repérer les endroits propices prêts à être exploités. *Si l'Asie Mineure pour une raison quelconque, venait à être fermée à l'Europe, alors l'Afrique du Nord deviendra une nouvelle Californie, mais sans la France.* Nos industriels se sont engagés à ne pas exploiter le pétrole national. C'est pourquoi pendant 30 ans on a cherché le pétrole nord-africain avec la ferme volonté de ne pas le trouver. Il y a un peu de nouveau dans ce compartiment depuis 1945, mais il est encore bien timide.

La guerre froide du pétrole n'est devenue chaude que pour la France en Afrique du Nord. Certaines faiblesses ou certaines vénalités coûtent parfois plus cher que le coup de

---

[40] Ouvrage en préparation : Batailles pour le pétrole français.

poing sur la table ou que la Haute Cour pour crime contre le pays tenu en laisse par l'étranger et obligé de suivre sa politique sous peine de voir les moteurs stoppés faute de carburant.

CONCLUSION

Rappelons que cet ouvrage ne nourrit pas le dessein d'être une histoire générale des pétroles. Nous avons choisi quelques cas typiques que nous avons traités par larges touches, pour ne pas lasser le lecteur par la répétition de cas similaires, car chacune de ces pénibles histoires pourrait constituer un gros livre à condition d'en exploiter tous les détails. Nous n'avons pas voulu faire œuvre d'historiographe des pétroles, notre but est plus simple : *attirer l'attention sur un problème dont dépendent la vie des peuples et la paix.* Espérons qu'en sachant vraiment pourquoi ils se disputent, les hommes pourront mieux peser l'opportunité et l'utilité des conflits qui ravagent le monde sans leur apporter aucun profit particulier.

Certains exciperont peut-être de la matière que constitue ce livre des animosités particulières ou des visées politiques. Il n'en est rien ; nous poursuivons, avant tout, la défense des intérêts généraux français qui sont, qu'on le veuille ou non, liés par des incidences économiques et diplomatiques à ces problèmes qui dominent un monde hypnotisé par la soif de domination et d'argent. À nous d'essayer de ne pas sombrer dans cette psychose. Or, on ne peut éviter le danger si l'on n'en connaît pas les causes et les pièges. Ce n'est pas de notre faute si les pieuvres internationales du pétrole ont la nationalité anglaise ou américaine. C'est avec la plus parfaite indépendance d'esprit que nous avons examiné les incidences pétrolières dans la politique de différents États parfois opposés violemment les uns aux autres. Si nous avons réussi à démontrer la malfaisance des trusts, si nous avons décidé le lecteur à exiger de ses représentants une indépendance nationale à leur égard, notre tâche aura servi à quelque chose d'utile pour la collectivité française.

Le pétrole est une question qui domine le monde *il sera cause de la prochaine guerre mondiale*... Si l'on raisonne « idéologie » on est à peu près certain de se tromper puisque la politique n'est que le masque de l'économie indispensable à la vie des peuples. Tandis que si l'on raisonne « pétrole », on peut, presque à coup sûr, prévoir les événements. Et nous allons en donner une preuve.

Dans la 1re édition de cet ouvrage paru en 1949, nous avons écrit au sujet de l'Afrique du Nord française :

« *Les services des renseignements français ont fort à faire pour essayer de connaître le but des visites de beaucoup d'étrangers,* les raisons pour lesquelles de pauvres fellahs disposent tout à coup de sommes importantes pour acheter des kilomètres carrés de désert en apparence stérile, *pourquoi des partis « autonomistes » disposent de fonds considérables pour alimenter leur propagande séparatiste... Pourquoi ? Une seule réponse : Pétrole !* »

« *Mesurez toute l'importance de l'affaire des pétroles tunisiens que l'on peut estimer une prise de position américano-britannique en Afrique du Nord française depuis que, trop timidement et* trop tard, *nous tentons de faire jaillir du pétrole colonial français.* Le pôle attractif du pétrole se situe pour quelques années encore en Afrique du Nord française. *Pour en supputer l'avenir, il suffirait de savoir à la suite de quelle pression ou suggestion a été pris l'arrêté beylical du 13 décembre* 1948. *Souhaitons que l'on n'ait pas signé, ce jour-là, le commencement de la fin de la souveraineté française en Afrique.* »

En raisonnant « pétrole » pouvait-on prévoir avec plus de certitude l'avenir de l'Afrique du Nord à ce moment fort calme ?

Qui parlait d'un bouleversement en Iran, en 1949, à cause du pétrole ? Deux ans à l'avance, toujours en raisonnant « pétrole », l'événement s'avérait inéluctable.

À la même époque n'avons nous pas écrit : *« La vérité est qu'il y a du pétrole partout ! Il y en a en France, en Belgique, en Autriche, en Italie, en Allemagne, en Pologne, etc... Des sondages ont été effectués, des résultats obtenus. La Hollande figure désormais dans les pays producteurs. Chaque fois une exploitation « molle » ou des rapports concluant à l'insuffisance de la nappe de naphte, annihilent les efforts de chercheurs. Dans chaque pays, les trusts pétroliers ont des agents qui mènent une politique pétrolière destinée à juguler toutes les concurrences éventuelles et il n'est pas de compagnie, même nationale, qui ne se trouve sous la dépendance d'un groupe anglo-américain quelconque, soit directement, soit indirectement. Pour combien de temps encore ? »*

Nous avions encore raison. Le pétrole de Parentis dans les Landes est venu justifier notre propos, mais c'est une filiale de la *Standard Oil* américaine qui l'exploite !

Oui, il y a du pétrole partout, même en Europe ! L'Autriche s'inscrit pour 3 millions de tonnes, la Hongrie pour 500.000 t, la Pologne pour 250.000 t, la Tchécoslovaquie pour 120.000 t, l'Allemagne occidentale pour 2,5 millions de tonnes, la Yougoslavie pour 160.000 t, etc... Des prospections sont en cours en Italie, en Belgique etc...

Tonnages peu importants soit ; la prospection européenne n'est qu'à ses débuts, elle a cinquante ans de retard. Si les pays d'Europe avaient eu *leur* pétrole, ils eussent mené une diplomatie indépendante sans être obligés de se demander si leurs décisions diplomatiques ne les priveraient pas d'un carburant nécessaire. Rappelons-nous l'affaire d'Espagne ! Avec des sources directes de pétrole mieux réparties les «Molochs» n'existeraient pas et le monde non pétrolifère ne courberait pas l'échine sous la dictature du profitariat pétrolier.

Nous n'exagérons rien. Pénétrez-vous bien de ces paroles, prononcées en juin 1935, montrant la menace pesant sur tous les pays qui veulent tenter de se soustraire à la féodalité des trusts et essaient de se constituer une économie pétrolière indépendante. Ces paroles émanent d'un homme, citoyen britannique, né dans les slums de Whitechapel, dans la plus profonde des misères et devenu un des rois du pétrole anglais, l'associé de Henry Deterding. Cet homme, Marcus Samuel, devenu Lord Bearsted, fondateur de la *Shell,* éprouvait un grand courroux de voir les initiatives de divers pays — et surtout la France — en vue de posséder des raffineries sur leurs territoires. Lord Bearsted nous a donné un avertissement en ces termes que nous vous demandons de lire attentivement.

« ... *Il est déplorable que le désir de certains pays d'atteindre à une prétendue indépendance économique ait contribué à aggraver sensiblement la confusion qui sévit dans l'économie mondiale. Ces pays ont été amenés à dissiper de grosses sommes pour la construction de raffineries de pétrole, même lorsqu'ils ne disposent pas de ressources en pétrole brut suffisantes pour alimenter ces raffineries ou pour subvenir aux besoins de leur population.*

« Ces initiatives ne sauraient évidemment pas aboutir à la moindre indépendance économique, *car l'importance des produits pétroliers dans les qualités et les quantités nécessaires à un pays donné est une affaire beaucoup plus simple et moins coûteuse, que ce soit en temps de paix ou en temps de guerre que la fabrication de ces produits.*[41]

« Ces initiatives, indépendamment du gaspillage de capitaux qu'elles comportent et de leur absence de résultats positifs, finissent par causer une perte de revenus aux gouvernements en question et par accroître le prix payé par le consommateur. C'est pourquoi nous continuons à insister auprès des gouvernements qui ne sont pas producteurs de pétrole brut (sic) et qui sont tentés de croire que leur sécurité réside dans la construction de raffineries à l'intérieur de leurs frontières, pour qu'ils comprennent qu'il leur faut renoncer définitivement à de tels projets.

Ainsi les gouvernements étaient avertis d'avoir à renoncer à faire profiter leurs industries nationales des bénéfices importants du raffinage du pétrole brut. Et comme certains — notamment la France — ont persisté à ne pas admettre tout à fait la thèse du trust pétrolier, la guerre 1939-1945 a été l'occasion d'appliquer les recommandations de Lord Bearsted. La presque totalité des raffineries du pétrole brut ont servi, les toutes premières, de cibles aux bombardiers alliés.

Nécessité stratégico-économique ? *Non, puisqu'il n'y avait plus d'arrivages de pétrole brut à raffiner.*

Réalisez-vous ce qu'on appelle la puissance d'un trust ? Et du pays qui avalise les intérêts de ses trusts *à base de politique nationale ?* Un homme, un Français capitaliste, M. Deutsch de la Meurthe, n'a pas hésité à déclarer que *« ... trouver du pétrole sur son territoire serait le plus grand malheur pour la France »* ... Cette phrase est à la fois cynique et tragique car M. Deutsch de la Meurthe était fort bien placé pour évaluer

---

[41] Allusion aux essences synthétiques allemandes et françaises. La production des carburants synthétiques se chiffre à environ 1,5 million de tonnes par an.

la puissance extraordinaire représentée par les pétroliers anglo-américains. Mais lorsqu'on en arrive à redouter une richesse collective, presque à souhaiter un malthusianisme économique au XXe siècle dans la crainte de voir les maffias internationales arriver et semer la pagaie pour mieux régner, alors c'est que le mot «civilisation » a fait faillite.

En 1954, tout à coup, la presse s'emplit de narrations de recherches pétrolifères en France. On ne parle plus que d'anticlinaux favorables dans tous les coins ; les valeurs pétrolières se déchaînent en Bourse, celui qui sait pourtant à quoi s'en tenir sur les recherches du pétrole national écarquille les yeux ; il ne comprend pas tout d'abord, il se rend compte un peu plus tard.

Nos lecteurs savent que l'Arabie est stratégiquement menacée, que l'Arabie fournit 93 % du pétrole nécessaire à l'Europe occidentale, qu'en cas de conflit, le blocus des côtes de la Méditerranée et de l'Atlantique peut être établi par la première flottille de sous-marins du monde appartenant aux Soviets et que les États-unis envisagent partout la guerre, en France notamment. Si le conflit doit être long, toute une armée risque de revivre les moments angoissants qu'a connus la France pendant la première guerre mondiale quand les tankers de Rockefeller refusaient de ravitailler l'armée française. Aussi pour pallier à cette éventualité se décide-t-on tardivement à pousser les prospections pétrolifères dans la vieille Europe elle-même.

Osons le dire, ce n'est pas pour la prospérité du pays prospecté que l'on travaille vraiment, c'est pour l'état de guerre de demain. Car, ce n'est pas de gaîté de cœur que les pétroliers étrangers verraient la France, deuxième consommateur mondial de pétrole, échapper à la clientèle du naphte anglais et américain, se suffire à elle-même et, par là, abolir la sujétion de sa politique aux « recommandations » de Londres et de Washington. On pourrait parier que, si une Paix mondiale et éternelle venait à se sceller chacun apprendrait que les espérances du pétrole national n'ont pas donné ce qu'on en attendait et l'on n'entendrait bientôt plus parler du pétrole européen qu'on laisserait à son stade de balbutiement. L'histoire du Brésil et de l'Argentine recommencerait en Europe puisque le matériel pétrolier vraiment spécial est construit aux U.S.A. et en Grande-Bretagne par des filiales des trusts pétroliers... Les ingénieurs européens valent pourtant tous les autres...

La première nécessité de l'indépendance pétrolière d'un pays est de créer une industrie de matériel de forage.[42] Le reste viendra de lui-même, après. C'est peut-être l'affaire d'un gouvernement digne de son rôle de prévoyance, surtout quand ce gouvernement dispose de voix prépondérantes à la *Compagnie française des Pétroles* qui a investi des capitaux en Iran et au Sahara. Or, ladite compagnie a été créée sur l'ordre de Raymond Poincaré pour administrer la part française des pétroles de Mésopotamie acquise sur les Turcs au lendemain de la guerre 14 /18. Ces pétroles ne sont pas un bien privé, mais *un butin de guerre* dont les profits (énormes) devraient revenir à la communauté française qui a payé cette part de son sang. Ces profits pourraient aider à construire une politique pétrolière réaliste en commençant par créer du matériel pétrolier français.

---

[42] Depuis quelques années existe la *Société Nationale de Matériel pour la Recherche et l'Exploitation du Pétrole* (S. N. Marep) dont le but est d'acheter le matériel indispensable aux prospections et exploitations pétrolifères. Cet organisme d'achats en commun a aussi pour mission de promouvoir des activités industrielles françaises en faveur de la fabrication de matériels pétroliers. Si certaines industries françaises fournissent déjà des éléments pour l'exploitation du pétrole (tubes, derriks, Diesel pour sondes et quelques accessoires), environ 25 à 35 % de ce matériel spécial est importé de l'étranger ; inutile de spécifier que c'est la partie la plus délicate et la plus indispensable. Pour mener en toute indépendance des prospections, il est donc absolument nécessaire que *tout* le matériel pétrolier émane de l'industrie nationale

Le gouvernement de Washington a fondé, lui, un organe officiel *The Petroleum Reserves Corporation* qui mène une politique officielle américaine du pétrole, alors que les U.S.A. sont exportatrices de carburant. À part la « politique des stockages » la France n'a pas de politique des pétroles. Elle en a si peu qu'en 1953, lorsqu'elle a reçu ses 8.871.000 tonnes de naphte brut de Mésopotamie, elle a dû en réexpédier 1.163.000 tonnes en Grande-Bretagne - raffinage payé en devises — qui furent réimportées en France sous forme de pétrole raffiné. Le Conseil Économique National s'est ému de ce scandale (le raffinage est l'usinage le plus rémunérateur dans les opérations pétrolières) ; on lui a répondu que les installations des *deux* raffineries *françaises* étaient insuffisantes pour absorber tout ce pétrole brut. Et l'on s'est contenté de cette réponse. Car, en France, il y a d'autres raffineries, filiales de sociétés étrangères, qui traitent le pétrole brut de *leurs* sociétés. Mais pas le naphte français ! Le pétrole de Parentis extrait par une société filiale américaine sera, lui, raffiné dans une raffinerie filiale de la *Standard Oil.*

Si des sociétés françaises venaient à découvrir du pétrole français, en vertu de l'aventure des 1.163.000 tonnes de brut exportées puis réimportées en France, il faudrait que ce carburant fut traité à l'étranger. Alors à quoi sert pour des Français de chercher du carburant en France ? La menace de Lord Bearsted influera-t-elle à ce point le gouvernement français qui a tout de même voix au chapitre dans la *Compagnie française des Pétroles ?*[43]

Pourquoi dépenser des milliards en prospections algériennes ou autres si le raffinage français ne peut absorber un pétrole que l'on espère, je le suppose, faire

---

[43] Une raffinerie de pétrole coûte entre 5 et 20 milliards suivant son importance.

jaillir ? Pour que les étrangers récoltent le fruit du travail effectué par des capitaux et un bien national français lorsque nous serons évincés de là-bas comme nous les fûmes de Syrie ?

Nous savons que les pétroliers étrangers sont très influents à Paris. Mais nous sommes trop avides de l'indépendance réelle de la France pour ne pas penser qu'avec le dossier que constitue cet ouvrage, il ne se trouvera pas des Français libres de toute attache et maintenant avertis des diverses formes de traquenards pétroliers, pour réclamer l'abolition de l'esclavage parles trusts du pétrole étrangers ou installés en France sous des façades françaises.

.

BIBLIOGRAPHIE

Edgar FAURE. — *Le Pétrole pendant la Paix et pendant la guerre* (Nouvelle Revue Critique, 1939).

Antoine ZISCHKA. — *La Guerre secrète pour le pétrole* (Payot, éditeur, Paris, 1934).

Raymond-A. Dion. — *Le Pétrole et la Guerre* (Le Crapouillot, Paris, 1939).

Charles BARON. — *Au pays de l'or noir* (Librairie Polytechnique, Paris, 1939).

Arthur LAFON. — Articles de *Monde* (1925).

Pierre NAVARRE. -- *Saint Pétrole* (Éditions Self, Paris). Divers articles et études de la presse française et étrangère.

www.ingramcontent.com/pod-product-compliance
Lightning Source LLC
Chambersburg PA
CBHW070309200326
41518CB00010B/1947